Brigitte Wilmes-Mielenhausen

Bewegungsförderung für Kleinkinder

Ideen für Krippe, Kita und Tagesmütter

Brigitte Wilmes-Mielenhausen

Bewegungsförderung für Kleinkinder

Ideen für Krippe, Kita und Tagesmütter

HERDER

FREIBURG · BASEL · WIEN

Inhalt

1.

Spielen mit den Kleinsten

Was tun wir mit den Kleinsten? Die Gruppe der 0–3 jährigen Kinder gerät zunehmend in den Fokus der Pädagogik. Diese Buchreihe wendet sich an Erzieherinnen, Tagesmütter und Spielgruppenleiterinnen, die bereits mit ganz kleinen Kindern arbeiten oder zukünftig arbeiten möchten.
Der Betreuungsbedarf für Kinder unter 3 Jahren wächst ständig (zum Teil bedingt durch die Berufstätigkeit der Mütter sowie die steigende Zahl allein erziehender Elternteile). Die Vereinbarkeit von Familie und Beruf ist für viele junge Eltern zunehmend an adäquate Betreuungsmöglichkeiten für Kinder unter 3 Jahren geknüpft. Das Angebot an Krippenplätzen für die Kleinsten liegt dabei noch immer deutlich unter Bedarf und Nachfrage.
Waren die Kleinsten bislang vorwiegend in Kinderkrippen untergebracht, die meist sog. „Kombi-Einrichtungen" (Tagesstätten mit Krippe, Kindergarten und Hort) angehörten, gehen neue Trends dahin, auch die sog. „Regelkindergärten" für Kinder unter 3 Jahren zu öffnen, gekoppelt an flexible Betreuungszeiten.

Eckpunkte der Krippenpädagogik heute

Leider wird die Betreuung der Kleinsten außerhalb der Familie immer noch als die zweitbeste Lösung angesehen. Traditionell gilt die Mutter (der Vater) als die ideale Bezugsperson.
Dabei kann die Kleinfamilie den Kindern längst nicht mehr allein das bieten, was sie für eine gesunde Entwicklung brauchen: Über die Hälfte der Kinder wächst ohne Geschwister auf. Beengte Wohnverhältnisse in Städten, eingeschränkte Spielräume, wenig Spielkameraden im Umfeld machen es notwendig, Defizite an sozialen Kontakten auszugleichen.
Um schon Kleinkindern Erfahrungen mit anderen Kindern zu ermöglichen, besuchen viele Mütter/Väter mit ihren Babys und Kleinkindern einmal wöchentlich Kurse nach dem „Prager-Eltern-Kind-Programm" (PEKiP) oder nehmen an „Eltern-Kind-Spielgruppen" („Mini-Clubs", Krabbelgruppen") teil. So wichtig diese Gruppen sind: In der Regel setzen sie sich altershomogen zusammen und bieten somit keine Erfahrungen zwischen unterschiedlichen Altersstufen.
Besuchen Kleinkinder dagegen eine Ganztagseinrichtung (Tagesstätte), so haben sie hier nicht nur eine tägliche Betreuung. Sie treffen sehr oft – anders als in „Eltern-Kind-Spielgruppen" – auf familienähnliche Strukturen: Dabei üben die Großen Rücksicht

und helfen den Kleinen, die Kleinen lernen von den Großen. Man findet die „kleine Altersmischung" (0–3 jährige Kinder in einer separaten Krippengruppe), aber zunehmend auch die „große Altersmischung" (0–6 Jahre) in einer Kindergartengruppe.
Die „große Altersmischung" in einer Gruppe erfordert viel Flexibilität und pädagogisches Geschick seitens der Erzieherin und eine gute personelle Besetzung, damit jede Altersgruppe in ihren Bedürfnissen angesprochen werden kann.

Die Rolle der Erzieherin bei den Kleinsten

Erzieherinnen, die mit Kleinkindern arbeiten, sollten sich darum bemühen, professionelle Konzepte zu erarbeiten. Niemals darf die Arbeit mit dieser Altersgruppe nur „irgendwie improvisiert" werden.
Kleinkinder brauchen viel Nähe, Zuwendung, Hautkontakt und eine verlässliche Bindung an die Erzieherin. Häufiger Wechsel der Bezugspersonen ist zu vermeiden. Wenn ein Kleinkind in eine Tageseinrichtung kommt, so muss es die erste längere Trennungserfahrung von den Eltern verarbeiten. Kinder, die unter der Trennung sehr leiden, können nicht entspannt und lustvoll spielen.
Kleinkinder sind darauf angewiesen, dass Erzieherinnen ihre Signale verstehen, ihre Bedürfnisse wahrnehmen und angemessen darauf reagieren.
Erzieherinnen sollten vor allem wissen, welche Entwicklungsschritte Kinder im Alter von 0–3 Jahren durchlaufen: Dies gilt besonders für die Bereiche Motorik, Wahrnehmung, Sprache, Denken und soziale Bindung.

Was diese Buchreihe möchte und wie Sie damit arbeiten können

- Zur Reihe gehören verschiedene Themen-Schwerpunkte: *Bewegung, (Sinnes)-Wahrnehmung, Musik, Umwelterfahrung, Sprache, kreative Materialerfahrung.*
- Alle Bände der Reihe ergänzen sich wie Bausteine, bilden letztendlich ein „großes Bauwerk", denn kein Bereich kann isoliert betrachtet werden.
- Jeder Band enthält eine allgemeine *theoretische* Einführung. Dann geht es um das spezielle Förder-Thema (z. B. Bewegung).
  Dazu gehört auch die *Entwicklung* von Kindern in dem jeweiligen speziellen Förderbereich.
- Das Buch ist vor allem ein *Praxis-Buch*.

2.

- Die Spielvorschläge orientieren sich an der Entwicklung der Kleinsten.
- Beobachten Sie die Kinder! Womit beschäftigen sie sich? Was können sie schon? Was können sie noch nicht? So sind Sie in der Lage, *das passende Spiel zur richtigen Zeit* anzuregen.
- Je nach Spielidee können Sie mit einem *einzelnen Kind, einer kleinen Gruppe* (ca. 4–6 Kinder) oder mit einer *größeren Gruppe* spielen. Es werden sowohl freie („Freispiel") als auch gelenkte *Spielaktionen* (gezielte „Beschäftigungen") berücksichtigt.
- Sie finden vor jedem Spiel Angaben zu:
  - *Alter/Entwicklungsstand*
  - *Mitspielern*
  - *Material*
  - *Ort/Raum* sowie
  - *Hinweise* (z. B. Förderziele, praktische Tipps zum pädagogischen Vorgehen ...)

  Im *Anschluss* an die Spielbeschreibung finden Sie zudem:
  - *Variationen* (wie kann ich das Spiel situationsbezogen umgestalten?) und
  - *Groß und Klein zusammen* (Vorschläge, wie ältere Kinder mitspielen können)
- Falls nötig finden Sie auf einzelnen Seiten noch einen *Kasten* mit zusätzlichen Tipps und Hintergrundinformationen.
- Die Spiele sind für Babys/Kleinkinder *ab 6 Monaten* bis zu *3 Jahren* gedacht. Einzelne Spiele lassen sich auch mit Babys unter 6 Monaten spielen.

Förderschwerpunkt Bewegung

Warum Bewegung wichtig ist

Wenn Sie die motorische Entwicklung des Kindes im ersten Lebensjahr beobachten, so werden Sie feststellen, dass sie rasant verläuft. In keinem späteren Lebensabschnitt macht ein Kind so deutlich sichtbare Fortschritte wie in dieser prägenden Phase. Lernen in früher Kindheit ist vor allem Lernen über (Sinnes)-Wahrnehmung und Bewegung. Wenn sich das Kind spielend im Raum bewegt, wenn es mit seinem Körper in Aktion tritt, so bilden sich immer mehr Nervenverbindungen in seinem Gehirn, ähnlich wie die Äste und Zweige eines Baumes. Je mehr Nervenverbindungen ein Kind hat, desto besser ist sein Lernvermögen.
In der Bewegung knüpft das Kind soziale Kontakte, lernt Selbständigkeit und Selbstvertrauen und setzt sich mit dem eigenen Körper und den Dingen seiner Umgebung und ihren Eigenschaften auseinander.
Heute leiden allerdings schon kleine Kinder unter Bewegungsmangel. Die Wachzeiten verbringen viele Babys unnötig lange in Babywippe und Laufstall, anstatt frei auf einer Decke unterschiedliche Körperlagen und Bewegungsmöglichkeiten zu erproben. Etliche Eltern benutzen Lauflernhilfen („Geh-Frei") bzw. führen Kinder zum Laufenlernen unnötig an der Hand. Gerade bei Kleinkindern werden Sicherheitsüberlegungen oft in den Vordergrund gestellt und wird das Umfeld übermäßig abgesichert. Mit zunehmendem Alter gehen der steigende Medienkonsum und die Motorisierung der Gesellschaft zulasten einer natürlichen Bewegungsentwicklung (schon kleine Kinder werden zu viel gefahren, laufen zu wenig, sitzen zu viel).
Bewegungsmangel kann auf Dauer zu Defiziten in der Bewegungsentwicklung führen und sich nachteilig auf Denken, Lernen, Sprache und andere Entwicklungsbereiche auswirken.
Durch Gestaltung eines bewegungsfreundlichen Umfeldes können Erzieherinnen Defiziten vorbeugen bzw. rechtzeitig gegensteuern.

Bewegungsspiele und Bewegungsräume gestalten

Bewegung sollte im Gruppenraum oder im Freien jederzeit möglich sein und sich nicht auf besondere Zeiten und festgelegte Räume beschränken.

Die Gestaltung des Gruppenraumes ist deshalb besonders wichtig. „Der Raum ist der dritte Erzieher“, sagt z. B. die Reggio-Pädagogik.

- Legen Sie für die Allerkleinsten einen besonderen Krippenbereich im Gruppenraum an, den Sie durch niedrige Schränke oder Stellagen abgrenzen.
- Im Mittelfeld des Raumes brauchen die Kinder viel Platz für großräumige Bewegung.
- Podeste, eine kleine Treppe, schiefe Ebenen, eine Sprossenwand, waagerechte Haltestangen an einer Wand … ermöglichen differenzierte Bewegungserfahrungen.
- Der ganze Raum sollte flexibel mit fahrbaren Möbeln und Raumteilern ausgestattet sein. Auch verschiedene Bodenbeläge wären ideal (Teppich, Holz, Linoleum, Kork)
- *Wichtige Bewegungsspielzeuge:*
  - Matten/ Polster: Turnmatten, Schaumstoff-Elemente, Kissen.
  - Größere Turngeräte: Turnbank, Mini-Rutsche, Krabbeltunnel, Rollbretter.
  - Kleingeräte: Ringe, Gymnastikreifen, Luftballons, Bälle, Pferde-Leinen, Schwungtuch.
  - Bau- und Verpackungsmaterial: LKW-Schläuche, Autoreifen, Drainagerohre, Bretter, Kisten.
  - Große Haushaltsgegenstände: Trittleiter, Fußbänkchen, Mini-Hocker.
  - Kleine Haushaltsgegenstände: Siebe, Töpfe, Dosen, Kochlöffel.
  - Minifahrzeuge: Rutschautos, Sitzroller …
  - Geräte zum Schaukeln: Schaukelpferd, Hängematte.
  - Wertloses Material: Papprollen, Schuhkartons, Teppichfliesen.
  - Effekt-Spielzeug: Kreisel, Kugelbahn, Ziehtiere, Wandspiegel.

Das Verhalten der Erzieherin

- Die Erzieherin sollte darauf achten, dass Kleinkinder viele Freiräume für Bewegung bekommen. Zudem benötigen sie auch Ruhe (Entspannen in der Kuschelecke).
- Kleinkinder wollen vieles anfassen, ausprobieren, untersuchen. Die Erzieherin braucht eine gelassene, beobachtende Haltung.
- Lassen Sie den Kindern Zeit, die ihnen gemäßen Entwicklungsschritte zu tun. Vermeiden Sie es, Bewegungen mit einem Kind einzuüben (z. B. Laufen lernen „trainieren“). Sie können dem Kind allerdings „Handreichungen“ anbieten.
- Die ungarische Kinderärztin Emi Pickler, die viel über die Bewegung von Kleinkindern geforscht hat, plädiert z. B. dafür, die Kleinsten nicht in Körperlagen zu bringen, die sie sich nicht selbst gewählt haben. Bewegungen, die nur mit der Hilfe

eines Erwachsenen eingenommen werden können, sind oft verfrüht, unsicher und falsch koordiniert.

- Schwierigkeiten – z. B. beim Überwinden von Stufen beim Klettern – sind eine willkommene Herausforderung. Vertrauen Sie den Fähigkeiten der Kinder. Mögliche Gefahren sollten natürlich erkannt und beseitigt werden.
- Bewegungsspiele sind bei den Allerkleinsten vor allem im Freispiel sinnvoll. Mit zunehmendem Alter erfreuen sie sich aber auch an geplanten Aktionen. Bei *geplanten* Bewegungsstunden sollten Sie einen bestimmten Aufbau beachten:
  Einstieg: z. B. Begrüßungslied,-spiel etc.
  Schwerpunkt-Thema: z. B. Balancieren (dabei ist zu berücksichtigen, dass wenig erklärt, viel gespielt wird; nicht alle Kinder müssen mitmachen, Ruhepausen sind möglich).
  Abschluss: z. B. Lieblings-Bewegungsspiel, kleine Überraschung.
- Bei Bewegungsspielen ist vor allem auf die Beziehung von Sprache/Rhythmik und Bewegung zu achten (Verse, Kreisspiele).
- Kleidung: bequem, rutschfeste Sohlen, manchmal barfuss laufen (bei Wärme nur mit einer Windel bekleidet oder sogar nackt).

Wie sich Bewegung in den ersten 3 Lebensjahren entwickelt

Entwicklung bezieht sich immer auf Veränderungen (im Verhalten) des Kindes, wobei die einzelnen Schritte aufeinander aufbauen und aus einer Verknüpfung von inneren Gesetzmäßigkeiten (z. B. genetische „Ausstattung", Reifung des Nervensystems) und äußeren Faktoren (Umwelteinflüsse) bestehen. Auch das Kind selbst spielt eine Rolle. Es treibt seine eigene Entwicklung mit voran, indem es sich Entwicklungsreize selbst sucht und Einfluss auf seine Umgebung ausübt.
Bei der Einschätzung der Entwicklung können fertige „Tabellen" nur der groben Orientierung dienen. Vermeiden Sie es, vorschnell von Entwicklungsdefiziten zu sprechen. Manche Kinder scheinen in einem Bereich (z. B. Bewegung) zurück zu liegen, sind aber in einem anderen Bereich schon sehr weit (z. B. Sprache).
Außerdem durchlaufen nicht alle Kinder die „klassischen Phasen" der motorischen Entwicklung. Manche Kinder robben oder krabbeln beispielsweise nie, sitzen aber dafür früher und rutschen zur Fortbewegung auf dem Po durch die Gegend. Bei den Altersangaben handelt es sich um Durchschnittswerte, Toleranzbereiche müssen hier berücksichtigt werden.

2.

1. Lebensjahr

1. **Vierteljahr** *(0–3 Monate)*

- angeborene Reflexe (bei Neugeborenen)
- Üben der Kopfhaltung(Grundlage für Gleichgewichts- und Bewegungsentwicklung)
- Hände: erst geschlossen, dann zunehmend geöffnet
- mit beiden Beinen kräftig strampeln
- im 3. Monat: Abstützen auf Unterarme in Bauchlage sowie
- kurzzeitiges Festhalten von handlichen Dingen (wenn man sie dem Baby in die Hand gibt)

2. **Vierteljahr** *(4–6 Monate)*

- Verbesserung der Kopfhaltung
- Hände und Finger spielen miteinander
- Spielzeuge werden in den Mund gesteckt
- Abheben von Kopf und Brust in Bauchlage („Schwimmhaltung")
- auf die gestreckten Arme stützen
- aus Rückenlage in den Sitz hochziehen lassen (dabei Kopf und Schultern anheben)
- eine Hand zu einem Spielzeug führen und es berühren, ergreifen (manchmal erst, wenn man es ihm in die Hand gibt)
- im 6. Monat: Spielzeug zielsicher mit der ganzen Handfläche greifen

3. **Vierteljahr** *(7–9 Monate)*

- aktiv vom Rücken auf den Bauch bzw. umgekehrt drehen
- mit beiden Händen gleichzeitig und zielsicher greifen
- Spielzeug zwischen den Händen wenden
- um die eigene Achse drehen
- sich an den Händen des Erwachsenen selbst zum Sitzen hochziehen
- mehrere Sekunden allein sitzen
- über den Boden robben/krabbeln
- kurze Zeit frei sitzen
- Stehen mit Festhalten
- Gegenstände willkürlich fallen lassen
- in Gefäß hinein greifen
- sich robbend vorwärts bewegen (wird bald vom Krabbeln abgelöst)

Letztes Vierteljahr *(10–12 Monate)*

- Krabbeln (im „Vierfüßlerstand", später „Bärengang")
- allein zum Sitzen kommen
- frei und im Gleichgewicht sitzen (mit gestreckten Beinen)
- an Möbeln zum Stehen hochziehen
- zwei Gegenstände aneinander klopfen
- Wegwerfen von Dingen erproben
- „Pinzettengriff/Zangengriff" (kleine Teile mit Daumen u. Zeigefinger aufnehmen)
- seitwärts an Möbeln entlang gehen
- erste Schritte gehen (an der Hand eines Erwachsenen)
- Gegenstand gezielt in die Hand eines Erwachsenen geben
- kleine Gegenstände gezielt durch eine enge Öffnung fallen lassen

2. Lebensjahr *(13–24 Monate)*

- frei stehen und gehen
- Gegenstände beim Gehen tragen
- Ziehen/Schieben von Spielzeug
- Übersteigen kleiner Hindernisse
- auf eine Stufe (frei) rauf und runter steigen
- Leiter mit engen Sprossen hinaufklettern
- Treppen krabbeln, später steigen (zunächst mit Festhalten und Nachstellschritten)
- rutschen, klettern, schaukeln
- Turm aus 3 Würfeln bauen
- Bälle/Gegenstände ungezielt werfen
- Arme ausstrecken, um Ball zu fangen (Ball rollt noch runter)
- einfaches Fußballspielen
- mit beiden Füßen auf der Stelle hüpfen
- rückwärts gehen
- Formen in Formbrett einpassen

3. Lebensjahr *(25–36 Monate)*

- Laufen erlernen (beide Beine sind vom Boden abgehoben)
- Treppen steigen mit Wechselschritt
- Niedersprung aus geringer Höhe
- Seile, Striche o. ä. am Boden überspringen (Beine werden nacheinander aufgesetzt)
- Galopp-Hüpfen (mit Nachstellschritten)
- von Hindernissen frei auf- und absteigen
- kurze Zwischenräume übersteigen
- „Schockwurf" mit beiden Händen (bei großem Ball)
- Ball in „Schienenhaltung" fangen: fliegender Ball wird mit gestreckten Armen gefangen (und dabei an Körper gepresst)
- kurzfristiges Balancehalten und Balancieren
- auf einem Bein stehen
- Dreirad fahren
- erstes Rollerfahren (ab ca. 3 Jahren)

Strampelfüße, Krabbelfinger: Bewegung für Babys

Wenn Sie Kinder im ersten Lebensjahr in Ihren Gruppen haben, so werden Sie feststellen, dass schon Babys aktiv am Gruppenleben teilnehmen. Sie beobachten aufmerksam, zeigen durch Lautäußerungen und Körpersprache ihre Stimmung und ihr Befinden, erkennen die vertraute Erzieherin und mit der Zeit auch die anderen Kinder wieder, reagieren auf sie, nehmen direkt Kontakt auf (anschauen, lächeln, Spielzeug tauschen). Sie möchten ihrem Alter gemäß spielen und vor allem wichtige Bewegungsfunktionen entwickeln und erproben.

Babys in ihrer Individualität annehmen

- **Babys sollen sich so viel wie möglich bewegen. Im Krippenbereich können sie auf einer Decke liegen, strampeln und spielen.**
- **Legen Sie Babys zum Schlafen immer auf den Rücken. Auch beim Spielen hat die Rückenlage Vorteile: In Rückenlage können Babys mit den Beinen frei strampeln, die Arme frei bewegen und mit den Händen ungehindert greifen.**
- **Irgendwann drehen sie sich von sich aus auf den Bauch. Die Bauchlage ist wichtig für die Kopfhaltung und die motorische Entwicklung (krabbeln, aufrichten). Die Bauchlage ermöglicht es dem Kind auch, die Umwelt genau zu beobachten.**

Strampelspiele

Beim Strampeln erproben Babys die Funktion ihrer Beine. Strampeln ist auch Ausdruck von Wohlbehagen, Freude und Erregung.

Füße begrüßen

Alter/Entwicklungsstand: 6 Monate (und jünger)
Mitspieler: 1 Kind
Ort/Raum: Gruppenraum (Krippenbereich, Kuschelecke, Wickeltisch)
Hinweise: Das Baby sollte mit Freude mitspielen. Die Bewegungen gehen so weit wie möglich vom Kind aus!
Spielanleitung: Das Kind liegt auf einer Decke am Boden oder auf dem Wickeltisch.

Guten Morgen ihr Beine.	Über beide Beine streicheln (begrüßen).
Wie heißt ihr denn?	
Ich heiße Hampel.	Gegen rechtes Bein drücken.
Und ich heiße Strampel.	Gegen linkes Bein drücken.
Ich bin das Füßchen Übermut.	Gegen rechten Fuß drücken.
Und ich das Füßchen Tunichtgut.	Gegen linken Fuß drücken.
Übermut und Tunichtgut	Beide Beine im Wechsel
gehen auf die Reise.	beugen und strecken.
Patsch durch alle Sümpfe,	Bei „patsch" auf die Unterlage stupsen.
nass sind Schuh und Strümpfe.	
Schaut die Mutter um die Eck,	Zum Schluss schnelle
laufen alle beide weg.	Laufbewegungen andeuten.

überliefert

Spiele für Arme und Finger

Genauso wie das Spiel mit den Füßen ist auch das Spielen mit Händen und Fingern bei Babys sehr beliebt. Die Spiele mit dem eigenen Körper sind wichtige „Funktionsspiele" im ersten Lebensjahr.

Der kleine Hampelmann

Alter/Entwicklungsstand: ab 6 Monate
Mitspieler: 1 Kind
Ort/Raum: Gruppenraum (Krippenbereich, Kuschelecke, Wickeltisch)

Spielablauf: Das Kind liegt auf dem Rücken. Babys, die schon sitzen können, dürfen auch sitzen.
Hinweise: Das Baby sollte mit Freude mitspielen. Achten Sie auf Gesichtsausdruck / Körpersprache!

Ich bin der kleine Hampelmann,	
der Arm und Bein bewegen kann,	Bewegen Sie die Arme des
mal links hm hm,	Kindes mal nach links,
mal rechts hm hm,	mal nach rechts,
mal auf hm hm,	mal nach oben,
mal ab hm hm	mal nach unten.
und manchmal auch klipp klapp.	Zum Schluss patschen Sie seine Hände zusammen.

Man hängt mich immer an die Wand
und zieht an einem langen Band,
mal links …

Mein Kopf, der ist ganz müd' und schwer
vom vielen Hampeln hin und her,
mal links …

Und kommt für mich die Schlafenszeit,
dann bin ich armer Mann befreit,
mal links …
überliefert

Variation: Spielen Sie das Spiel mit den Füßen des Kindes.
Groß und Klein zusammen: Spielen Sie das Spiel mit der ganzen Gruppe im Stuhlkreis. Die Babys, die schon sitzen können, sitzen auf dem Schoß der Erzieherin und machen mit.

Bimmel, bammel, bommel …

Alter/Entwicklungsstand: ab 6 Monate
Mitspieler: 1 Kind
Ort/Raum: Gruppenraum (Krippenbereich, Kuschelecke, Wickeltisch)

Spielanleitung: Das Kind liegt auf dem Rücken oder sitzt auf Ihrem Schoß.

Bimmel, Bammel, bommel,
die Katze schlägt die Trommel.
Und die kleinen Mäuse
tanzen in der Reih'
und die ganze Erde
wackelt schon dabei.
überliefert

Bewegen Sie die Arme (oder Beine) des Babys wechselseitig auf und ab. Lassen Sie Ihre Finger wie „Mäuse" über den Kopf oder den ganzen Körper des Kindes „tanzen". Zum Schluss lassen Sie die Arme (oder Beine) kräftig schlagen/strampeln (als würde die Erde wackeln).

Groß und Klein zusammen: Die ganze Gruppe sitzt im Kreis auf dem Boden. Die großen Kinder schlagen die Trommel, indem sie auf den Boden patschen. Sie lassen ihre Finger wie Mäuse über die Erde „tanzen". Die kleinen Kinder sitzen bei der Erzieherin auf dem Schoß (Spielanleitung für Babys siehe oben).

Bewegungsspaß mit dem Wasserball

Wasserbälle können im Krippenbereich für vielfältige Bewegungsspiele verwendet werden. Bewegungsfunktionen wie strampeln, greifen, Gleichgewicht ausbalancieren werden dabei immer wieder angeregt und gefördert.

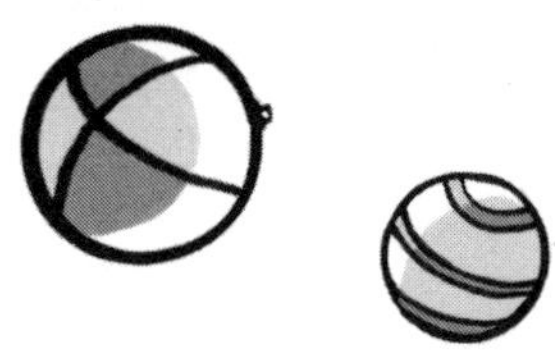

Handball

Alter/Entwicklungsstand: 6 Monate (und jünger)
Mitspieler: 1–3 Kinder
Material: s. o.
Raum/Ort: s. o.
Spielanleitung: Die Kinder liegen auf dem Rücken. Halten Sie den Ball mit der Schnur so über das Kind, dass es ihn wahrnehmen kann (etwa 20 cm Abstand). Viele Kinder schlagen nach dem Ball oder versuchen ihn festzuhalten.
Variation: Halten Sie den Ball so hoch, dass die Kinder ihre Arme strecken müssen.
Groß und Klein zusammen: Lassen Sie sich von 1–2 großen Kindergartenkindern helfen. Zeigen Sie den Großen, wie sie den Ball halten und worauf sie achten sollten!

Fußball

Alter/Entwicklungsstand: 6 Monate (und jünger)
Mitspieler: 1–3 Kinder
Material: 1–3 Wasserbälle von ca. 30 cm Durchmesser (je nach Größe des Kindes darf der Ball auch dicker sein). Knoten Sie an jeden Ball eine Schnur von ca. 30 cm (Wasserbälle haben hervor tretende Ventile, um die man die Schnur wickeln und festknoten kann).
Ort/Raum: Gruppenraum (Krippenbereich), Bewegungsraum
Spielanleitung: Legen Sie eine Decke oder abwaschbare Matte auf den Boden. Die Kinder liegen auf dem Rücken. Die Beine/Füße sollten nackt sein. Bei warmem Wetter können die Babys auch mal ganz nackt bzw. lediglich mit einer Windel bekleidet spielen. Halten Sie den an der Schnur herabhängenden Wasserball so über die Beine des Kindes, dass es dagegen treten/strampeln kann.
Hinweise: Zur Erleichterung legen Sie Ihre Hand unter den Po des Kindes, sodass das Becken etwas angehoben wird.

Schaukel-Ball

Alter/Entwicklungsstand: 6 Monate (und jünger)
Mitspieler: 1 Kind
Material: s. o., aber jetzt ohne Schnur
Raum/Ort: s. o.
Spielanleitung: Legen Sie das Kind bäuchlings auf den Ball, sodass es seine Arme und Beine frei bewegen und den Kopf halten kann. Umfassen Sie das Kind im Beckenbereich mit beiden Händen. Dabei geben Sie ihm Sicherheit, ohne Druck auszuüben. Viele Kinder entdecken sehr schnell, dass sie sich mit den Füßen vom Boden abstoßen und auf diese Weise selbst auf dem Ball in eine Schaukelbewegung bringen können.
Hinweis: Das Kind lernt, auf dem Ball sein Gleichgewicht auszubalancieren.
Achten Sie darauf, dass die Bewegungen vom Kind ausgehen und dass es mit Freude mitspielt!
Variation: Statt des Wasserballs können Sie auch eine sog. „Krabbelrolle" (gibt es fertig in Spielzeuggeschäften) verwenden!

Fliegen, drehen, hopsen ...

Die Kleinen lieben es, in die Luft gehoben, schwebend gehalten, auf und ab bewegt oder gedreht zu werden. Manchmal juchzen sie dabei vor Vergnügen. Bei Kniereiterspielen auf dem Schoß der Erzieherin wird das Kind bewegt (passiv), aber ebenso arbeitet es aktiv mit (frei sitzen, Kopf halten, Gleichgewicht ausbalancieren).

Flugzeug

Alter/Entwicklungsstand: ca. 8 Monate
Mitspieler: 1 Kind
Ort/Raum: Gruppenraum, Bewegungsraum
Spielanleitung: Legen Sie das Baby mit der Brust auf Ihren Unterarm. Ihre Hand umfasst zur Sicherheit den Arm des Kindes. Schieben Sie Ihre andere Hand zwischen den Beinen des Kindes durch und halten Sie so seinen Bauch. Singen Sie das Lied vom Flugzeug (Melodie: „Ein Männlein steht im Walde").

Mein Flugzeug möchte starten,	Heben Sie das Kind in die Luft.
wie kann das geh'n?	
Es steigt jetzt in die Wolken,	
ihr könnt es seh'n!	
Flugzeug, Flugzeug gib nur acht,	
dass dich das nicht müde macht.	Bewegen Sie es vor Ihrem
Wir fliegen mit Vergnügen im Kreis herum.	Körper im Kreis.
Mein Flugzeug möchte landen.	Lassen Sie das Kind langsam
Wie kann das geh'n?	wieder tiefer sinken.
Es sinkt jetzt immer tiefer,	
es bleibt nicht steh'n.	
Flugzeug, Flugzeug gib nur acht,	
dass es gleich nicht furchtbar kracht!	Bewegen Sie es auf „halber Höhe"
Wir fliegen mit Vergnügen im Kreis herum.	nochmals im Kreis.
Mein Flugzeug ist gelandet.	Lassen Sie es so weit sinken,
Wie konnt' das geh'n?	dass Sie mit ihm auf dem Boden knien.
Es rollt jetzt auf dem Rollfeld	Bewegen Sie es dicht am Boden.

und bleibt dann steh'n.	
Flugzeug, Flugzeug gib nur acht,	
war das wirklich weich und sacht?	Legen Sie es zum Schluss
Wir klatschen mit Vergnügen:	auf eine Decke und beklatschen
„Gut gemacht!"	Sie die gelungene Landung.
Text von der Autorin	

Groß und Klein zusammen: Kleine Kinder werden getragen, größere spielen selbst Flugzeug. Sie hocken zunächst am Boden. Dann erheben sie sich, starten durch, fliegen im Kreis und landen dann wieder sicher auf der Erde.

Hoppe, hoppe Reiter

Alter/Entwicklungsstand: ca. 8 Monate (das Kind sollte selbständig sitzen können)
Mitspieler: 1 Kind
Ort/Raum: Gruppenraum
Spielanleitung:

Hoppe, hoppe Reiter,	Setzen Sie das Kind auf Ihre Oberschenkel
wenn er fällt, dann schreit er.	(Sie selbst sitzen auf einem Stuhl).
Fällt er in den Graben,	Bewegen Sie die Beine rhythmisch auf und
dann fressen ihn die Raben.	ab. Das Kind hopst (reitet) mit.
Fällt er in den Sumpf,	
dann macht der Reiter:	Bei „Plumps" lassen Sie es nach hinten
„Plumps!"	sinken. Dabei halten Sie es an den Händen.
überliefert	

Groß und Klein zusammen: Die großen Kinder sitzen rittlings auf Stühlen. Bei „Plumps" lassen sie sich zu Boden fallen. Wer kann vom Stuhl fallen oder hopsen, ohne dass der Stuhl selbst mit umfällt?
Variation: Die größeren Kinder hüpfen zu dem Vers auf Pezzi-Bällen.
Hinweise: Pferdchen-Spiele für ältere Kinder finden Sie auf Seite 51/52.

Trage- und Wiegespiele

Tragen, Wiegen, Schaukeln regen den Gleichgewichtssinn an. Der Körperkontakt zur Erzieherin beruhigt unruhige, müde, überreizte, traurige Kinder, wirkt ausgleichend, vermittelt ein Klima des Vertrauens und der Geborgenheit.

Es tanzt ein Bi-ba-Butzemann

Alter/Entwicklungsstand: 6 Monate (und jünger)
Mitspieler: 1 Kind
Ort/Raum: Gruppenraum, Bewegungsraum
Spielanleitung: Tragen Sie die Kleinen in einer der beschriebenen Tragehaltungen:

- in Bauchlage auf Ihren Unterarmen,
- seitlich (wobei Sie mit einem Arm zwischen den Beinen des Kindes durchgreifen und mit dem anderen Arm den Oberkörper des Kindes halten),
- über Ihrer Schulter (das Kind blickt über Ihre Schulter in den Raum),
- sitzend auf Ihrem Unterarm (Kind lehnt sich mit dem Rücken an Ihren Körper).

Gehen Sie mit dem Kind im Raum spazieren. Schauen Sie den Großen beim Spielen zu. Die Kleinen nehmen auf diese Weise regen Anteil am Gruppenleben.
Hinweise: Wechseln Sie die Tragehaltungen immer wieder, und tragen Sie das Kind mal auf Ihrer rechten, mal auf Ihrer linken Körperseite.
Groß und Klein zusammen: Alle bilden einen Kreis. Das Baby wird von der Erzieherin getragen und „geht" somit im Kreis mit. Sind mehrere Babys da, so können weitere Erzieherinnen im Kreis mitlaufen.

Es tanzt ein Bi-ba-Butzemann
in unsrem Kreis herum, widebum.
Es tanzt ein Bi-ba-Butzemann
in unsrem Kreis herum.
Er rüttelt sich, er schüttelt sich,
er wirft die Beine hinter sich.
Es tanzt ein Bi-ba-Butzemann
in unsrem Kreis herum.

Die Kinder bewegen sich auf der Kreislinie. Sie tanzen, rütteln und schütteln sich und werfen die Beine von sich.

Variation: Verschiedene Tiere tanzen im Kreis: „Es tanzt ein dicker Elefant" (ein bunter Papagei, brauner Zottelbär, ein stolzer Pinguin, bunter Schmetterling usw.).

Große Uhren

Alter/Entwicklungsstand: ca. 8 Monate
Mitspieler: 1 Kind
Ort/Raum: Gruppenraum (Krippenbereich) , Bewegungsraum
Hinweise: Das Schaukelspiel wirkt beruhigend und regt den Gleichgewichtssinn an. Weitere Schaukelspiele finden Sie auf Seite 55/56.
Spielanleitung: Setzen Sie sich auf den Boden. Beugen Sie die Beine an. Legen Sie das Kind so auf Ihre Oberschenkel, dass es Sie anschauen kann.

Große Uhren machen tick-tack,
kleine Uhren machen tick-tack-tick-tack.
Und die kleinen Taschenuhren machen ticke-tacke, ticke-tacke- ticke-tacke.

Schaukeln Sie mit dem Kind zum Rhythmus der Uhren mal langsam, mal schneller.
Groß und klein zusammen: Die ganze Gruppe sitzt im Kreis. Alle schaukeln zu dem Vers hin und her.

Greifspaß für Babyhände

Babys, die im Krippenbereich auf dem Rücken bzw. auf dem Bauch liegen, haben großen Spaß an ersten Greifspielen. Beim Greifen wendet sich das Kind zunächst mit dem ganzen Körper einem Gegenstand zu (grobmotorische Ganzkörperbewegungen gehen feinmotorischen Bewegungen voraus), bevor es später gezielt Hände und Finger einsetzt.

„Bitte zugreifen!"

Alter/Entwicklungsstand: 6 Monate (und jünger)
Mitspieler: 1–3 Kinder
Material: 1 Spielzeug (an einer Schnur), z. B. Greifring mit Glöckchen o. ä.
Ort/Raum: Gruppenraum (Krippenbereich)
Spielanleitung:
- *in Rückenlage:* zeigen Sie dem Kind ein Spielzeug, (z. B. an einer Schnur hängend) im Abstand von etwa 20 cm. Bewegen Sie das Spielzeug langsam hin und her.

Halten Sie das Spielzeug dann so, dass das Kind es greifen kann.

- Führen Sie das Spielzeug auch mal zur rechten und zur linken äußeren Seite (manche Babys kippen oder drehen sich auf diese Weise vom Rücken auf den Bauch, wenn sie dafür reif sind).
- *in Bauchlage:* Reichen Sie dem Baby, das auf dem Bauch liegt, ein Spielzeug (z. B. Greifring). Viele Kinder verlagern ihr Gewicht auf den Bauch und einen Unterarm und greifen mit der Hand des anderen, freien Arms nach dem Spielzeug. Sie betasten das Spielzeug nicht nur, sondern stecken es auch in den Mund, saugen und nuckeln daran.

Groß und Klein zusammen: Möchte ein großes Kind die Aufgabe übernehmen und einem oder mehreren Babys ein Spielzeug zeigen bzw. reichen?

Die zauberhafte Spielzeugschnur

Alter/Entwicklungsstand: 6 Monate (und jünger)
Mitspieler: 1–3 Kinder
Material: 1 Schnur (ca. 1–1,5 m), dazu: 1 Holzring, 1 kleiner Luftballon (eventuell mit Erbsen oder Reis gefüllt), 1 Taschentuch, 1 Knisterpapier, 1 Holzperlen-Kette mit Glöckchen u. ä.
Ort/Raum: Gruppenraum (Krippenbereich)
Spielanleitung: Spannen Sie zwischen zwei Stühlen oder niedrigen Schränken eine Schnur. Hängen Sie zunächst nur einen Gegenstand an die Schnur (z. B. Luftballon). Spielen mehrere Kinder mit, so erhöhen Sie die Anzahl der Gegenstände. Legen Sie das Kind/die Kinder auf eine weiche Matte so unter die Schnur, dass sie die Gegenstände bequem mit den Händen bzw. Füßen erreichen und betasten können.
Hinweis: Beobachten Sie die Kinder bei diesem Spiel aufmerksam!

So schleicht die Katze: Spiele zum Kriechen und Krabbeln

Um den 6. Monat herum werden Kinder zunehmend mobil.
Sie erleben es als faszinierend, sich von der Stelle bewegen und den Raum erforschen zu können. Dieser bisher nicht gekannte Bewegungsdrang stellt die Erzieherin vor ganz neue Aufgaben. Der separate Krippenbereich im Gruppenraum (mit niedrigen Raumteilern, Stellagen etc.) kann helfen, dass sich die Allerkleinsten zunächst in einem überschaubaren, geschützten Raum bewegen. Natürlich werden sie später auch den übrigen Gruppenraum entdecken wollen.
Die gekreuzte Koordination von Armen und Beinen beim Krabbeln ist wichtig für die motorische und geistige Entwicklung.

Sicherheits-Check

- **Sichern Sie Steckdosen, Fenster, Türen, steile Treppen usw. Achten Sie auf spitze Gegenstände und Kleinstteile! Dabei gilt: so viel Sicherheit wie notwenig, so viel Bewegungs-Freiräume wie möglich bzw. sinnvoll.**
- **Legen Sie in die unteren Schrankfächer Gegenstände, die gefahrlos sind und allen zur Verfügung stehen. Heikle Sachen (Scheren, Kleber…) können Sie in oberen Fächern lagern.**
- **Hin und wieder ein freundliches, aber deutliches „Nein" sorgt dafür, dass die Kleinen mit der Zeit klare Regeln akzeptieren.**
- **Vielleicht lagern Sie im Krippenbereich Kisten mit robusten Dingen zum Ausräumen und Experimentieren für die Kleinsten. Die Kleinen lernen: „Hier ist unser Reich!"**

Unterwegs im Krabbelland: Neue Wege für Krabbelkinder

Krabbelkinder brauchen Platz. Zunächst sollte der Untergrund zum Krabbeln möglichst fest (d. h. nicht nachgebend), eben und angenehm hautfreundlich sein. Erst wenn die Kinder sicher krabbeln, können Sie hin und wieder unterschiedliche Böden, Stufen, Podeste, Schrägen u. ä. aufbauen.

Krabbelstraße

Alter/Entwicklungsstand: Sobald Babys robben bzw. krabbeln können (etwa 9–11 Monate).

Mitspieler: 4–6 Kinder

Material: 6–8 feste Turnmatten oder langer, am besten abwaschbarer Teppichläufer (Meterware „von der Rolle"), dazu: Bälle und anderes interessante Bewegungsspielzeug …

Ort/Raum: Bewegungsraum, Gruppenraum

Spielablauf: Legen Sie die Turnmatten zu einer Art „Straße" hintereinander. Rollen Sie Bälle, Kugeln, Holzautos o. ä. über die Straße oder lassen Sie Aufziehtiere laufen. Auch ein Brummkreisel oder eine Spieluhr haben Aufforderungscharakter.

Hinweise: Bei warmem Wetter können Sie die Babys auch nur mit einer Windel bekleidet oder nackt krabbeln lassen. Manche Kinder krabbeln übrigens zunächst rückwärts, selbst wenn sie eigentlich vorwärts weiterkommen wollen. *Kleine Hilfestellung:* Geben Sie den Füßen des Kindes mit den Händen Widerstand oder hocken Sie sich hinter das Kind, damit es sich mit den Füßen abstoßen kann.

Tipp: Lassen Sie die Kinder die Gegenstände selbständig erreichen. Also möglichst wenig anreichen oder herbeitragen!

Groß und Klein zusammen: Vielleicht regen Sie ein Partnerspiel an: 1–2 große Kindergartenkinder rollen Bälle, Kugeln und kleine Autos über die Krabbelstrecke und die Kleinen krabbeln hinterher.

Wie wäre es mit einem lebendigen Tunnel? Ein großes Kind geht in den Vierfüßlerstand wie eine Katze. Ein kleines krabbelt unter dem großen durch (vielleicht einem Ball hinterher). Oder das große Kind stellt sich mit gegrätschten Beinen auf die Matte. Ein kleines Kind krabbelt zwischen den Beinen durch.

So geht es Schritt für Schritt

Krabbeln entwickelt sich meist in folgenden Schritten:

- (Vorbereitung durch) *Spielen in Bauchlage, Wälzen, Rollen*
- *Bauchkriechen ... Robben*
- *Krabbeln auf Knien und Händen* (sog. „Knie-Hände-Stütz")
- *„Bären-Gang"* (auf Händen – mit mehr oder weniger gestreckten Beinen)
- (Später) *Hochziehen, Gehen ...*

Beachten Sie: Nicht alle Kinder krabbeln! Einige Kinder stehen um den 10. Monat herum einfach auf und gehen los. Andere rollen oder robben stattdessen oder rutschen auf dem Po. Bestärken Sie die Kleinen, durch Rollen, Robben, Krabbeln oder Rutschen zu entfernten Gegenständen zu gelangen (Zuspruch und Ermunterung)!

„Zauber-Weg" und „Senso-Insel"

Alter/Entwicklungsstand: ab 11 Monaten (die Kinder sollten sicher krabbeln können – natürlich geht auch kriechen, robben, rutschen)

Mitspieler: 4–6 Kinder

Material: Luftmatratze, große Schwimmtiere, kleines Kinderplanschbecken ... Außerdem z. B.: Turnmatten, Polster, ... Ein paar Spielzeuge (z. B. Stofftiere, Rasseln, kleine Stoffbälle ...).

Ort/Raum: Bewegungsraum oder Freigelände

Hinweise: Die Kinder passen ihr Bewegungsverhalten den verschiedenen Bodenbeschaffenheiten und Materialien an.

Spielablauf: Bauen Sie einen Krabbel-Weg mit verschiedenen Stationen auf: Besonders interessant sind aufblasbare, große Schwimmtiere und eine prall und fest aufgepustete Luftmatratze (von den Eltern ausleihen), die als Hindernisse oder Unterlage beim Krabbeln dienen. Dazwischen liegen feste Matten, Polster u. ä. Legen Sie ein paar (weiche) Spielzeuge auf den Krabbel-Weg.

Extra-Tipp: Stellen Sie ein aufgeblasenes, kleines Kinder-Plantschbecken (ohne Wasser) an das Ende des Krabbel-Weges. Die Kinder können in das Becken hinein und wieder heraus krabbeln, Spielzeuge hinein legen u. ä.
Variation: Bauen Sie eine „Senso-Insel" aus unterschiedlichen Boden-Belägen (verschiedene Teppichfliesen und Teppiche) mitten im Raum auf!

Auf allen vieren: ... durch Tunnel und Röhren

Nachdem die Kinder das Krabbeln erlernt haben (im Knie-Hände-Stütz), zeigen sie oft von sich aus Interesse, unter Gegenständen (z. B. Tischen) hindurch zu krabbeln. Oft krabbeln sie rollenden bzw. entfernt liegenden Gegenständen hinterher, die sie aufheben und betasten möchten.

Tisch-Tunnel

Alter/Entwicklungsstand: ab 1 Jahr (die Kinder sollten sicher krabbeln können und Interesse an Tunneln/Röhren haben)
Mitspieler: 2–4 Kinder
Material: 4–8 Kindertische (auch große Erwachsenen-Tische), Decken, Bettlaken, eventuell Spielzeuge (Bälle, Kugeln, …).
Ort/ Raum: Bewegungsraum, Flur, Gruppenraum
Spielablauf: Stellen Sie die Tische hintereinander zu einem Tunnel auf. Legen Sie ein Spielzeug in die Mitte oder an das Ende des Tunnels oder rollen Sie einen Ball hindurch. Wer krabbelt hinterher?
Variation: Hängen Sie Decken oder Bettlaken seitlich über die Tische. Der leicht abgedunkelte Raum ist für manche Kinder eine neue, spannende Herausforderung.
Groß und Klein zusammen: Auch ältere Kinder sollten die wichtige psychomotorische Erfahrung des Krabbelns üben. Sie dürfen also auch mal zu „Käfern" werden und vielleicht heißt der Tunnel bei ihnen sogar „Geisterbahn".

Krabbelröhre

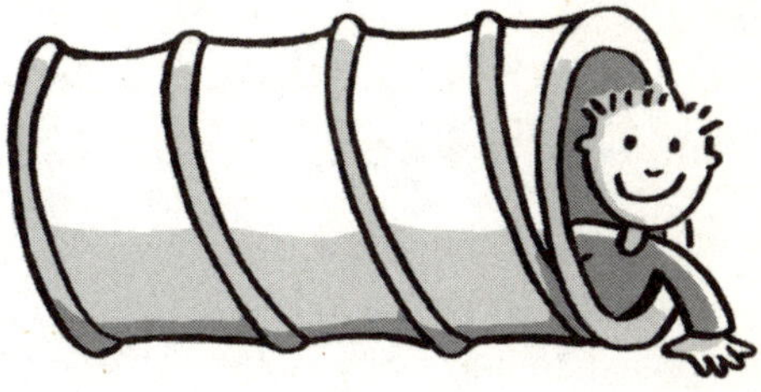

Alter/Entwicklungsstand: ab 1 Jahr
Mitspieler: 2–4 Kinder
Material: 1–2 LKW-Schläuche bzw. alte Autoreifen (kostenlos beim Reifenhandel), dazu: Seile und 2 große Tische, 1 große Turnmatte
Ort/Raum: Bewegungsraum, Flur, Gruppenraum
Spielablauf: Stellen Sie 2 große Tische mit ausreichend Abstand nebeneinander. Der Abstand muss so groß sein, dass ein Reifen dazwischen passt. Nun binden Sie den Reifen rechts und links mit einem Seil an dem jeweiligen Tischbein fest und legen direkt hinter dem Reifen eine Matte (mit „Babyspielzeug") auf den Boden. Später können Sie noch einen zweiten Reifen an die hinteren Tischbeine knoten.
Vielleicht möchten Sie anschließend ein großes Bettlaken über das gesamte Bauwerk hängen. So haben Sie ein „Haus" mit einem „Krabbel-Eingang" und „Krabbel-Ausgang".
Groß und Klein zusammen: Größere Kinder können das Laken mit Fingerfarbe bemalen.
Hinweise: Neben selbst gebauten Röhren sollten Sie in der Gruppe auch einen fertigen „Falt-Tunnel" haben (Spielzeugbedarf/Kiga-Ausstatter), den Sie ohne viel Vorbereitung einsetzen können.

Auf die Gefühle der Kinder achten

Für manche Kinder sind Tunnel eine Herausforderung, ja ein interessantes Krabbelabenteuer. Andere Kinder geben sich eher zurückhaltend. Sie können das Kind ermutigen, indem Sie sich an das andere Ende des Tunnels legen und mit ihm sprechen. *Wichtig:* das Kind sollte nicht zum Durchkrabbeln gedrängt werden! Bei zurückhaltenden Kindern sollte die Länge des Tunnels in etwa der Körperlänge des Kindes entsprechen.

Da liegt was schief: Krabbeln auf Stufen und Schrägen

Schon das Krabbelkind ist ein begeisterter Kletterkünstler. Es erprobt seine neu erworbenen Fortbewegungsmöglichkeiten, erlebt Höhenunterschiede, schätzt Entfernungen ab und macht dabei vielfältige Tast- und Gleichgewichtserfahrungen.

Krabbelstufen

> **Zubehör für erste „Kletterkünste"**
>
> - Matratzen, Turnmatten
> - Elemente von Polstermöbeln (Sitzkissen, Keile, Nackenrollen ...)
> - Schaumstoff-Elemente (im Fachhandel zu Rechtecken oder Quadraten zuschneiden lassen und mit Kissenbezügen beziehen)

Alter/Entwicklungsstand: ab 1 bzw. 1,5 Jahre (je nach Fähigkeiten und Entwicklung)
Mitspieler: 1–2 Kinder
Material: mehrere Matten (z. B. aus Schaumstoff mit Stoff bezogen), Polsterkissen eines Sofas o. ä.
Ort/Raum: Gruppenraum/Bewegungsraum
Spielablauf: Legen Sie zunächst nur ein Podest (z. B. 2 Matten übereinander oder 1 dickes Polsterkissen von einem Sofa) auf den Boden. Beobachten Sie, ob sich die Kinder von diesem „Krabbelhindernis" begeistern lassen. Vielleicht legen Sie ein Spielzeug auf das Podest oder dahinter. Bauen Sie dann zwei oder drei Stufen, über die nun die Kinder krabbeln können.
Hinweise: Problematisch scheint manchmal der Abstieg von einem oberen Podest zurück zur Erde. Zeigen Sie den Kindern dazu keine „Technik". Lassen Sie die Kinder selbst herausfinden, wie sie den Abstieg bewältigen können.

Boden-Wellen

Alter/Entwicklungsstand: Die Kinder sollten sicher krabbeln können.
Mitspieler: 2–4 Kinder
Material: 4–6 dünne, biegsame Turnmatten (oder Badezimmerläufer „von der Rolle"), mehrere Seile, Decken oder Plastikplanen
Ort/Raum: Bewegungsraum
Spielablauf: Rollen Sie jede Matte fest zu einer Rolle zusammen. Binden Sie ein Seil darum, sodass sie fest „verzurrt" ist. Legen Sie die Rollen nun mit Abstand hintereinander auf den Boden. Anschließend werfen Sie Decken darüber. Sie können auch abwaschbare, feste Plane darüber legen. Die Kinder können über die Bodenwellen krabbeln und klettern.

Schräg und schief geht's auch

Alter/Entwicklungsstand: ab 1 bzw. 1,5 Jahre
Mitspieler: ca. 4 Kinder
Material: 3–4 Turnmatten oder Schaumstoffmatten, eventuell 1 Keil (Polsterelement) – eventuell auch 1–2 Autoreifen … Zudem: mehrere kleine Bälle
Ort/Raum: Bewegungsraum, Gruppenraum
Spielablauf: Bauen Sie aus Matten ein Podest oder eine Treppe. Die Kleinen können nun (wenn sie das Podest oder die obere Stufe krabbelnd erreicht haben) über eine Schräge abwärts rutschen (bäuchlings) oder krabbeln. Als Schräge können Sie eine glatte Matte oder einen Polster-Keil nehmen.
Variation: Bauen Sie eine Schräge, indem Sie eine Matte mit einem Ende über einen Autoreifen legen. Später erhöhen Sie die Schräge, indem Sie zwei Reifen übereinander legen. Sie können die Matte mit einem Seil quer über dem Reifen festbinden!
Groß und klein zusammen: Ältere Kinder könnten kleine Bälle die Schräge hinunter rollen lassen und die kleinen „Krabbelkinder" krabbeln hinterher, nehmen sie mit den Händen auf und bringen sie zurück.

5.

Auf eigenen Füßen: Spiele zum Gehen und Laufen

Kinder im 1. Lebensjahr haben von sich aus den Drang, die Schwerkraft zu überwinden und im wahrsten Sinne des Wortes „auf eigene Füße zu kommen". Um den 10. Monat herum beginnen sie damit, sich selbst aus dem Kniestand zum Stehen aufzurichten. Dabei halten sie sich beim Aufrichten zunächst mit einer oder mit beiden Händen an Möbeln fest. Später gelingt der Positionswechsel freihändig.

Allerlei zum Hochziehen

Gestalten Sie den Raum so, dass die Kleinen zum Hochziehen angeregt werden:

- Bringen Sie an einer Wand *Haltestangen* in Kinderhöhe an (im Badezimmer- bzw. Sanitärbedarf finden Sie solche Stangen und Griffe).
- An den Stangen können Sie ein interessantes *Tast-Spielzeug* befestigen, z. B. Schnüre mit Perlen und Glöckchen, Tastbeutel.
- Grenzen Sie den Krippenbereich mit stabilen, standfesten *Raumteilern* (niedrige Schränke, Gitter etc.) ab. Sie bieten die Möglichkeit, sich immer wieder daran hochzuziehen und seitlich ein paar Schritte zu gehen.
- Hängen Sie einen großen *„Lauflern-Spiegel"* in Kinderhöhe an die Wand, z. B. in die Nähe einer Haltestange. So kann sich das Kind beim Hochziehen und Gehen selbst zuschauen.

Extra-Tipp: Integrieren Sie ein ausrangiertes Kinderbett mit Gitterstäben in den Krippenbereich (Räder abschrauben bzw. feststellen). Die Kleinen können sich an den Stäben hochziehen, aber auch in das Bett klettern, wenn Sie zuvor einige Stäbe herausnehmen. Füllen Sie das Bett mit einer weichen Matratze und vielen Kissen. Vielleicht hängen Sie einen „Himmel" aus Stoffbahnen darüber. An den beiden massiven Seitenwänden des Bettes lässt sich gut Sinnes-Material befestigen, z. B. Spiegelfolie, Perlenschnur, Spieluhr, Hampelmännchen …

Stuhlstraße

Alter/Entwicklungsstand: ab 10/11 Monate
Mitspieler: 1–2 Kinder
Material: 6–8 große, standfeste Erwachsenen-Stühle
Ort/Raum: Gruppenraum
Spielablauf: Stellen Sie die Stühle mit der Lehne nebeneinander an eine Wand. Legen Sie ein paar Spielzeuge auf die Sitzflächen der Stühle. Interessant ist unter anderem z. B. eine Spieluhr, die ein Lied „klimpert". Beobachten Sie, ob einige Kinder vielleicht auf die neue Spielfläche zu krabbeln und sich an den Stühlen hochziehen, um die begehrten Spiel-Dinge erreichen und untersuchen zu können.
Variation: Bauen Sie die Straße aus Kindertischen, die Sie ebenfalls dicht an die Wand stellen. Darauf können Sie eine kleine „Spielwelt" aufbauen (kleine Autos, Stehaufmännchen, Bauklötze, Spieltiere …).

Hoch hinaus

Alter/Entwicklungsstand: Sobald Kinder sich eigenständig in den Stand hochziehen (etwa um den 10. Monat).
Mitspieler: 1–3 Kinder
Material: 1 großer Stuhl, Spielzeug (Spieluhr, Rassel, Handpuppe o. ä.)
Ort/Raum: Gruppenraum
Spielablauf: Die Erzieherin sitzt auf einem großen Erwachsenen-Stuhl und hält ein Spielzeug in der Hand, das die Aufmerksamkeit der Kinder erregt. Die Kinder müssen sich, um das Spielzeug zu erreichen, in den Stand aufrichten. Dazu halten sie sich bei Bedarf an den Beinen/Knien der Erzieherin fest.
Variation: Kinder, die schon selbständig gehen können, eilen vielleicht mit wackeligen Schritten herbei, um das Spielzeug zu erreichen. Halten Sie das begehrte Spielzeug jetzt über den Kopf des Kindes. Es muss sich nun strecken, um Erfolg zu haben.
Hinweise: Wichtig ist, dass die Kleinen das Spielzeug am Ende tatsächlich erreichen bzw. in die Hand bekommen.

5.

Spiele für erste Schritte

Ein bewegendes Ereignis sind die ersten eigenen Schritte eines Kindes, die es freihändig ohne Hilfe zu tun vermag (zwischen dem 12. und 15. Monat). Sicherlich ein Grund für die ganze Gruppe, sich mit dem Kind über die neue motorische Fähigkeit zu freuen.

Das schaffe ich ganz alleine

Kinder treiben ihre Entwicklung eigenständig voran. Allerdings brauchen sie auch eine anregende Umgebung sowie liebevolle Zuwendung seitens der Erzieherin. Führen Sie kleine Kinder jedoch nicht an der Hand, um mit ihnen das Gehen zu trainieren. Ausnahme: Das Kind reicht Ihnen von sich aus die Hand! Vielleicht sprechen Sie auch mit den Eltern über dieses Thema. Informieren Sie gegebenenfalls darüber, dass Laufernhilfen wie „Geh-Frei" u. ä. verletzungsgefährlich sind und die Bewegungs-Entwicklung stören! Das Gehen der Kleinen ähnelt anfangs dem Laufen. Das Kind geht nämlich, ohne anhalten zu können. Es landet in den Armen eines Erwachsenen oder an einem Möbelstück. Langsames Gehen fällt zunächst schwer.

Auf Los geht's los!

Alter/Entwicklungsstand: Wenn Kinder bereits seitlich eine paar Schritte an Möbeln entlang gehen (um den 11. Monat herum).

Mitspieler: 1 Kind

Material: 1–2 Spielzeuge (Rassel, Stofftier o. ä.)

Ort/Raum: Gruppenraum

Spielablauf: Reichen Sie dem Kind, das z. B. zur Sicherheit noch an einem Möbelstück lehnt, ein Spielzeug. Schauen Sie, ob das Kind das Spielzeug mit einer oder später auch mit beiden Händen greift. Kann es nun mit weniger Festhalten sein Gleichgewicht ausbalancieren? Häufig hält das Kind, während es die ersten Schritte freihändig wagt, ein Spielzeug in einer oder in beiden Händen.

Variation: Ältere Kinder, die schon gehen können, bringen der Erzieherin oder anderen Kindern bevorzugt Spielzeuge herbei. Vielleicht sagen Sie betont „Danke" und entwickeln daraus das „Bitte-Danke- Spiel", indem Sie wechselseitig Spielzeug austauschen.

Wer kommt in meine Arme?

Alter/Entwicklungsstand: Die Kinder sollten schon freihändig ein paar Schritte gehen können (1–1,5 Jahre).
Mitspieler: 1–4 Kinder (eines nach dem anderen)
Ort/Raum: Gruppenraum, Freigelände
Spielablauf: Hat ein Kind Spaß daran, Ihnen entgegen zu gehen? Dann hocken Sie sich vor das Kind auf den Boden und rufen laut: „Wer kommt in meine Arme?" Breiten Sie dazu beiden Arme weit aus.
Hat das Kind Sie mit einem oder ein paar Schritten erreicht, dann nehmen Sie es in die Arme und freuen sich mit ihm.
Variation: Fassen Sie das Kind – wenn es zu Ihnen gekommen ist – unter den Armen (Achselhöhlen), heben es in die Luft, lassen es hopsen und fliegen. Oder Sie spielen das Spiel vom Kreisel:

Dreht dich kleiner Kreisel,
Dreh dich immerzu.
Rundherum, rundherum
und jetzt kommst du!
überliefert

Umfassen Sie das Kind von hinten unterhalb der Achselhöhlen, und falten Sie dann Ihre Hände vor der Brust des Kindes.
Drehen Sie sich um Ihre eigene Achse, sodass „der Kreisel" in Bewegung gesetzt wird. Bei „Und jetzt kommst du!" setzen Sie das Kind wieder ab.
Vielleicht läuft Ihnen nun ein weiteres Kind entgegen.

„Auf die Plätze ...": Spiele zum Flitzen und Rennen

Im Gegensatz zum Gehen sind beim Laufen beide Beine in der Flugphase vom Boden abgehoben. Das gelingt etwa ab 2–2,5 Jahren, zunächst noch mit weit ausgebreiteten Armen. Allmählich wird die Laufbewegung schneller, die Schritte weiter und die Arme sind dazu angewinkelt. Für ältere Kinder ist Laufen die bevorzugte Fortbewegungsart.

Kritze, kratze, schleicht die Katze

Alter/Entwicklungsstand: ab 2 Jahre
Mitspieler: Groß- oder Kleingruppe
Ort/Raum: Gruppenraum, Bewegungsraum
Spielablauf:

Kritze, kratze, schleicht die Katze.	Die Kinder gehen leise im Kreis herum.
Kritze, kratze, schleicht die Katze.	Die Erzieherin spricht den Spruch von der Katze.
Kommt der Hund gelaufen,	Bei: „Kommt der Hund gelaufen", fangen die
wirft alle über'n Haufen.	Kinder an zu laufen/rennen und lassen sich am
überliefert	Schluss einfach auf den Boden fallen.

Groß und Klein zusammen: Ein großes Kind könnte die Rolle des (bellenden) Hundes übernehmen, der alle „über'n Haufen" wirft.

Wo ist die Schlange?

Alter/Entwicklungsstand: ab 1,5 Jahre
Mitspieler: ca. 4 Kinder
Material: langes Seil (Gegenstände, die man daran knoten kann, z. B. Papprollen, Luftballons, Stück Holz, Stofflappen o. ä.)
Ort/Raum: Bewegungsraum, Freigelände
Spielanleitung: Die Erzieherin zieht das Seil mit den Gegenständen daran über den Boden. Sie fordert die Kinder dazu auf, die Schlange zu fangen. Je nach den Fähigkeiten der Kinder kann sie das Tempo steigern. Die jüngeren Kinder krabbeln oder gehen (ältere laufen/rennen).

Das Auto

Alter/Entwicklungsstand: ab 2 Jahre (jüngere Kinder können von Erzieherinnen auf dem Arm getragen werden)
Mitspieler: Klein- oder Großgruppe
Material: eventuell kleine Gummi-Tennisringe (für ältere Mitspieler: große Gymnastikreifen)
Ort/Raum: Gruppenraum, Bewegungsraum
Spielanleitung:

Brumm, brumm,
brumm, brumm,
das Auto fährt herum.
Brumm, brumm, brumm, brumm,
die Straße ist ganz krumm.

Die Kinder laufen um einen großen Tisch herum im Kreis.

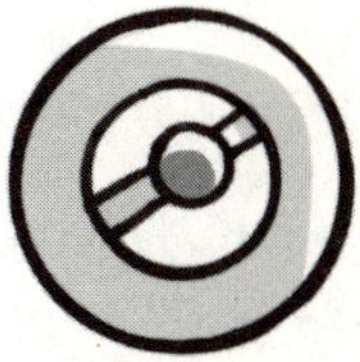

Und dann – oh Schreck,
hast du's geseh'n?
Da bleibt das Auto einfach steh'n.

Zum Schluss bleiben sie einfach stehen und gehen in die Hocke.

Text von der Autorin

Variation: Die Kinder bekommen – wenn sie möchten – einen Gummiring als Lenkrad in die Hand.
Groß und klein zusammen: Große Kindergartenkinder halten einen Gymnastikreifen mit beiden Händen. In der Mitte des Reifens läuft ein anderes Kind.

Fangt mich!

Alter/Entwicklungsstand: ab 1,5 Jahre
Mitspieler: 3–6 Kinder
Material: Trillerpfeife oder Flöte, großes Tuch
Ort/Raum: Bewegungsraum, Freigelände
Hinweise: Nachlaufen, Fangen, Suchen und Verstecken sind Spiel- und Bewegungsformen, die schon ganz kleine Kinder mögen („Hasche-Spiele" schon am Ende des 1. Lebensjahres).
Spielablauf: Ein großes Kindergartenkind oder die Erzieherin spielt ein Tier (z. B. Hund, Katze, Vogel o. ä.), das von den Kleinen gefangen werden soll. Das Tier krabbelt,

rennt oder fliegt vor den Kindern davon. Die Kinder versuchen, das flüchtende Tier zu erreichen, indem sie ihm nachlaufen oder hinterher krabbeln. Ist es dann gefangen, dürfen sich alle Kinder auf „die Beute“ werfen.

Variation: Das Spiel wird noch spannender mit Hilfe eines großen Tuches. Beliebt ist das sog. „Kuckuck-Spielen“, wobei sich die Erzieherin oder ein Kind hinter/unter einem Tuch versteckt und dann plötzlich mit deutlichem Kuckuck-Ruf wieder auftaucht, wenn das Tuch weggezogen wird.

Ausrennen

Alter/Entwicklungsstand: Die Kinder sollten schon sicher und schnell rennen können (ca.2,5 Jahre).

Mitspieler: Klein- oder Großgruppe

Material: 1 Handtrommel (eventuell eine große Matte)

Ort/Raum: Bewegungsraum

Spielanleitung: Die Kinder dürfen sich im Raum erst einmal so richtig ausrennen. Dazu schlägt die Erzieherin in mittlerer Lautstärke auf die Handtrommel. Plötzlich schlägt sie einmal ganz laut und kräftig. Alle werfen sich nun auf den Boden oder auf eine große Matte, die in der Mitte liegt. Dann geht es von vorne los!

Hinweis: Das Spiel ist auch als Spiel zum Warmwerden vor einer Bewegungsstunde (für ältere Kinder) geeignet.

Von Wand zu Wand

Alter/Entwicklungsstand: ab 2,5 Jahre (jüngere Kinder dürfen auch krabbeln)!

Mitspieler: Groß- oder Kleingruppe

Material: eventuell Luftballon, Tuch, 6–8 Gymnastikreifen

Ort/Raum: Bewegungsraum

Spielanleitung: Die Kinder sitzen in einer Reihe vor einer Wand. Die Erzieherin steht vor der gegenüber liegenden Wand am anderen Ende des Raumes. Sie ruft: „Alle Kinder laufen her!“ Vielleicht zeigen Sie den Kindern einen Luftballon, ein Stofftier o. ä., um sie zum Laufen anzuregen. Lassen Sie die Kinder in verschiedene Rollen schlüpfen („Alle Hunde laufen her!“, … alle Katzen, Pferde usw.).

Variation: Legen Sie Gymnastikreifen auf den Boden. Die Kinder flitzen um die Reifen herum zur gegenüber liegenden Wand.

Ein Elefant

Alter/Entwicklungsstand: ab 2 Jahre (jüngere Kinder können bei dem Spiel von Erzieherinnen auf dem Arm getragen werden)
Mitspieler: Klein- oder Großgruppe
Ort/Raum: Bewegungsraum, Gruppenraum, Freigelände
Spielanleitung:

Ein Elefant wollt' bummeln geh'n,
sich die weite Welt anseh'n.
Langsam setzt er Fuß vor Fuß,
denn er ist kein Omnibus.
Bald ist er nicht mehr allein,
alle laufen hinterdrein.

Singen oder sprechen Sie den Text. Dazu gehen die Kinder hintereinander im Kreis herum. Sie strecken einen Arm nach vorn und bewegen ihn wie einen Rüssel.

Und schon singt das ganze Land,
das schöne Lied vom Elefant.

Elefant, Fant, Fant,
kommt gerannt, rannt rannt,
mit dem langen, langen, langen Rüssel.
Möchte raus, raus, raus,
aus dem Haus, Haus, Haus,
aber hat ja, hat ja, hat ja keinen Schlüssel.

Bei dem Wort „gerannt" läuft die ganze „Herde" durch den Raum.

Armer Elefant, bist umsonst gerannt,
kriegst zum Trost dafür,
Zucker jetzt von mir.
Aber bleib' auch fein hier!
überliefert

Zum Schluss legen sich die Elefanten auf den Boden.

Variation: Lassen Sie die Elefanten im Wechsel gemütlich gehen und dann wieder rennen. Klatschen Sie dazu oder begleiten Sie die Bewegungen mit einer Handtrommel.
Groß und Klein zusammen: In der Herde gibt es große und kleine Elefanten. Deshalb eignet sich das Spiel gut für altersgemischte Gruppen.

Schau, wie das fliegt

Alter/Entwicklungsstand: ab 2,5 Jahre
Mitspieler: Klein- oder Großgruppe
Material: je nach Variation z. B. Stöcke (aus der Natur), Schleifenband, Chiffontücher, Bindfaden, Luftballons, Seidenpapier
Ort/Raum: Bewegungsraum, Freigelände
Spielablauf: Die Kinder bekommen Materialien in die Hand, die sie zum Laufen/ Rennen anregen:

- Binden Sie z. B. Schleifenband oder Papierstreifen an lange Stöcke (eventuell Glöckchen an die Streifen knoten).
- Geben Sie jedem Kind einen Luftballon, an den Sie zuvor ein langes Band geknotet haben.
- Binden Sie einen kleinen, selbst gefalteten Papierdrachen an einen Stock.
- Bieten Sie den Kindern farbige Chiffontücher oder Seidenpapiere an, die sie beim Rennen mit sich führen und „fliegen" lassen.

Groß und Klein zusammen: Große Kindergartenkinder dürfen die Materialien für die Laufspiele zusammentragen bzw. herstellen (z. B. Papierstreifen schneiden, Bänder knoten, kleinen Drachen falten usw.).

Koffer packen

Alter/Entwicklungsstand: ab 2,5 Jahre
Mitspieler: Klein- oder Großgruppe
Material: 1 Reisekoffer oder 1 Kiste (dazu z. B. Schuh, Puppe, Stofftier, Ball, Schal, Handschuhe, Mütze, Auto ...)
Ort/Raum: Bewegungsraum
Spielablauf: Die Erzieherin verteilt Gegenstände im Raum. Dann erzählt sie den Kindern, dass sie einen Koffer packen möchte. Dazu zeigt sie den Kindern einen Reisekoffer (ersatzweise große Kiste oder Karton). Die Kinder sollen loslaufen, die Gegenstände blitzschnell einsammeln, herbeitragen und in den Koffer packen.
Variation: Sagen Sie den Namen der Gegenstände (z. B. „Ich packe eine Puppe ein, ... einen Teddy, ... einen Ball!").

Mal rauf, mal runter: Kletterspiele

Fast jeder, der Kleinkinder beobachtet, wird es bestätigen: Podeste, Stühle, Tische, Stufen, Mauern und schiefe Ebenen ziehen kleine Kletterkünstler wie magisch an. Immer wieder muss das Gleichgewicht aufs Neue ausbalanciert werden. Die Umgebung (Raumgestaltung) gibt dem Kind wichtige Bewegungsimpulse, macht Anpassungsreaktionen des Körpers notwendig und fördert seine motorische Entwicklung.

Podeste, Bretter, schiefe Ebenen

Wenn Sie den Kindern ein Spielfeld mit Höhenunterschieden aufbauen, so können sie in einem überschaubaren, geschützten Rahmen ihre Klettererfahrungen machen. Darüber hinaus können Sie bei der Einrichtung des Gruppenraumes in einer Ecke ein fest verankertes Spielpodest mit Geländer und Treppe dauerhaft installieren.

Kisten-Klettern

Alter/Entwicklungsstand: ab 1 Jahr bzw. 1,5 Jahre
Mitspieler: 2–4 Kinder
Material: mindestens 10 breite Kisten, z. B. hölzerne Spielzeugkisten, Plastik-Boxen (gib es oft günstig in Baumärkten), stabile Obst-Kisten (Supermarkt), …
Ort/Raum: Bewegungsraum, Freigelände
Spielablauf: Verteilen Sie die Kisten frei im Raum. Beobachten Sie, was die Kinder von sich aus damit tun. Viele Kinder untersuchen die Kisten, drehen sie um, füllen Spielzeuge ein, … Einige klettern /krabbeln hinauf oder hinein.
Hinweise: Wenn die Kinder auf Kisten klettern, dann knien oder hocken sie sich zuweilen hin bzw. richten sich freihändig zum Stehen auf. Bieten Sie den Kindern nicht vorschnell Hilfe an. Sie sind meist von Natur aus vorsichtig!
Variation: Bauen Sie aus vielen Kisten eine „Kistenstraße". Jetzt heißt es: darüber krabbeln (Knie-Hände-Stütz, Bärengang) oder sogar (mit Hilfe) aufrecht darüber gehen.
Groß und Klein zusammen: Kinder, die aufrecht über die Kistenstraße gehen, brauchen schon viel Gangsicherheit und einen entwickelten Gleichgewichtssinn. Sicheres Balancieren gelingt meist erst am Ende des 2. Lebensjahres. Größere Kinder können Hilfestellung geben, indem sie die kleinen „Kletterkünstler" unter den Armen festhalten bzw. an den Händen führen.

Komm auf die Brücke!

Alter/Entwicklungsstand: ab 1 Jahr
Mitspieler: 1–2 Kinder
Material: mindestens 1 Brett (Baumarkt), 2 Autoreifen (ersatzweise 2 dicke Matten oder Polster)
Ort/Raum: Bewegungsraum, Gruppenraum
Spielablauf: Legen Sie 2 Autoreifen oder Matten (Polster) einander gegenüber auf den Boden. Abstand: etwas weniger als Brettlänge! Platzieren Sie das Brett so auf den Reifen (Matten), dass es an beiden Enden sicher aufliegt.
Die Kleinen können das Brett als Spielfläche benutzen, sich davor knien und oben mit Spielzeug hantieren. Viele Kinder lassen sich schon bald dazu inspirieren, auf das Brett zu klettern, darüber zu krabbeln oder bäuchlings zu rutschen.
Variation: Sie legen das Brett schräg, indem Sie es nur einseitig erhöhen (auf eine Matte legen).

Kletter-Berg für Klettermaxen

Alter/Entwicklungsstand: ab 1 Jahr
Mitspieler: ca. 4 Kinder
Material: 1 LKW-Schlauch (Reifenhändler), ersatzweise: dicker aufgeblasener Riesen-Schwimmreifen, 1 Bettlaken
Ort:/Raum: Gruppenraum, Bewegungsraum
Spielablauf: Der LKW-Schlauch wird hart aufgepumpt und gesäubert. Aus Sicherheitsgründen kleben Sie nun das Ventil mit Klebeband dicht am Reifen fest. Oder Sie lassen von den Eltern riesige Schwimmreifen mitbringen. Legen Sie nun das Bettlaken auf den Boden und den LKW-Schlauch bzw. Schwimmreifen darauf. Das Laken wird nun mit allen vier Ecken (Zipfeln) in der Mitte des Reifens stramm verknotet (immer die gegenüber liegenden Zipfel nehmen!). Nun drehen Sie den Reifen um. Die kleinen Kletteraffen können auf den Berg hinauf krabbeln oder klettern und sich sogar darauf stellen. Das kann eine ganz schön wackelige Angelegenheit sein.
Variation: Müde Kinder können sich auch zur Entspannung auf den Reifen legen und ausruhen. Dann wird der Berg zur Ruhe-Insel für große und kleine Träumer.

Tische-Stühle-Weg

Alter/Entwicklungsstand: ab 1,5 Jahre
Mitspieler: 6–8 Kinder
Material: 4–6 Kindertische (eventuell Stühle), ca. 6 Seilchen
Ort/Raum: Gruppenraum/Bewegungsraum
Spielablauf: Stellen Sie die niedrigen Kindertische dicht hintereinander zu einem langen Steg auf. Damit die Tische nicht wegrutschen, verknoten Sie die Tischbeine mit Seilchen. Stellen Sie noch jeweils 1 Stuhl an den Anfang und an das Ende der Tischreihe. Die Kinder klettern nun über den Stuhl auf den Steg aus Tischen, krabbeln auf allen vieren darauf entlang oder rutschen bäuchlings, indem sie sich mit den Armen darüber ziehen.
Variation: Stellen Sie mehrere Stühle hintereinander (ab 2 Jahre). Das Schreiten von Stuhl zu Stuhl ist schon ein „Balance-Akt" (eventuell Hilfestellung geben).

Immer weiter auf der Leiter: Sprossen und Stufen

Vorsicht Stufe! Achtung Treppe! Viele Erwachsene reagieren übervorsichtig, wenn sich ein Kleinkind einer Treppe nähert. Sicherheit ist zwar wichtig, übertriebene Vorsicht erweist sich jedoch als hinderlich. Unzählige Male klettern Kleinkinder Stufen hinauf und wieder hinunter: erst krabbelnd, später aufrecht gehend (mit und ohne Festhalten). Die Wiederholung scheint dabei ein Element des Lernens zu sein, denn auf diese Weise prägen sich die gerade neu entwickelten motorischen Fähigkeiten ein, werden immer wieder geübt und erweitert.

„Himmelsleiter"

Alter/Entwicklungsstand: ab 1 Jahr
Mitspieler: 3–6 Kinder
Material: kleine Trittleiter mit 2–3 Stufen (ersatzweise Fußbänkchen oder Haushaltshocker), 2–3 Turnmatten
Spielanleitung: Legen Sie mehrere Matten übereinander und stellen Sie eine Trittleiter davor. Die Kinder können über die Leiter auf die Matten klettern.
Hinweis: Wie kommen die Kinder wieder herunter? Sie können das Spiel „Wer kommt in meine Arme?" spielen. Ein Kind nach dem anderen krabbelt Ihnen von der oberen Matte in die Arme und wird aufgefangen.

Mini-Sprossenwand

Alter/Entwicklungsstand: ab 2 Jahre
Mitspieler: jeweils 1 Kind (2 Erzieherinnen)
Material: 1 Gymnastikstab oder Besenstiel (1 weiche Bodenmatte)
Ort/Raum: Gruppenraum, Bewegungsraum, Freigelände
Spielablauf: Zwei Erzieherinnen halten einen Gymnastikstab oder Besenstiel jeweils an einem Ende in Reichweite des Kindes. Das Kind steht auf einer Matte, streckt die Arme in die Höhe und umklammert den Stab mit beiden Händen. Die Erzieherinnen heben nun das Kind mit dem Stab ein Stück in die Höhe. Die ganz Kleinen sind jedoch noch nicht in der Lage, schwungvoll zu pendeln. Meist ziehen sie nur die Beine an und strecken sie dann wieder oder sie „fahren" mit den Füßen in der Luft „Rad".
Variation: Haben Sie im Raum eine Sprossenwand? Schon kleine Kinder sind in der Lage, ein paar Sprossen zu erklimmen. Hilfestellung eventuell beim Abstieg!

Stufe für Stufe

Geben Sie den Kindern im Alltag oft Gelegenheit, Treppen zu steigen! Kleinere Kinder gehen Treppen zunächst mit Nachstellschritten, ältere Kinder mit Wechselschritten. Auch der „Hinkelgang" kommt zum Einsatz: Dabei geht das Kind mit einem Bein auf der oberen Stufe entlang, das andere wird unten vorgesetzt. Die Erzieherin braucht viel Geduld. Viel einfacher ist es vielleicht, ein Kleinkind die Treppe hinunter zu tragen, als die wiederholten Versuche zu begleiten.

Kletter-Landschaften für kleine Bergsteiger

Wie wird der Raum zu einer riesigen Kletter-Insel? Sie brauchen dazu keine aufwändigen Konstruktionen. Fangen Sie klein an. Bauen Sie dann – je nach Interesse der Kinder – immer weiter. Solche Kletter-Landschaften haben den Vorteil, dass sie von verschiedenen Altersgruppen genutzt werden können.

Paletten-Straße

Alter/Entwicklungsstand: ab 1 Jahr
Mitspieler: 2–4 Kinder
Material: Mindestens 4 Paletten (im Handel als Transport- und Verpackungsmaterial. Man bekommt sie in Baumärkten/Baustoffhandlungen, Supermärkten). Meist bestehen sie aus Holz oder Kunststoff. Da die Oberfläche oft für Kinder nicht bespielbar ist, sollten Sie Teppichfliesen oder Teppichreste mit Klebeband darauf kleben.
Ort/Raum: Gruppenraum/Bewegungsraum
Spielablauf: Stellen Sie die mit Teppich beklebten Paletten hintereinander zu einem Weg auf. Legen Sie über das letzte Podest eine glatte Matte (eventuell mit einem Seil festbinden). Die Kinder krabbeln den Weg entlang und rutschen am Ende bäuchlings hinab. Wenn Sie ein Polster in Form eines Keils haben, so legen Sie den Keil an das letzte Podest. Auch hier heißt es: abwärts rutschen oder rollen.
Variation: Wenn Sie 2 Paletten übereinander stellen (mit Seil verzurren), erhalten Sie eine höhere Kletter-Stufe. Bauen Sie die Stufe als Hindernis mitten auf den Kletter-Weg.

Kletterburg

Alter/Entwicklungsstand: ab 1,5 Jahre
Material: 4–6 Autoreifen, Seilchen, Kissen
Ort/Raum: Bewegungsraum/Freigelände
Spielablauf: Bauen Sie aus den Reifen verschiedene Stufen. Legen Sie zunächst einen einzelnen Reifen auf den Boden. Dahinter platzieren Sie zwei Reifen übereinander, schließlich drei Reifen übereinander usw. Verzurren Sie die Reifen mit Seilen, sodass sie Stabilität bekommen. Das Innere der Reifen füllen Sie mit Kissen aus. Nun heißt es: Wer schafft es, auf den höchsten Reifen-Turm zu klettern?

Ri-ra-rutsch: Wir bauen eine Mini-Rutsche

Rutschen gehört (ebenso wie das Schaukeln) zu den wichtigsten Bewegungs-Erfahrungen von kleinen Kindern. Dabei ist es oft schon eine kleine Mutprobe, sich hinab in die Tiefe gleiten zu lassen. Die Freude ist umso größer, wenn man es geschafft hat. Eine kleine Rutsche können Sie im Raum mit einfachen Mitteln aufbauen.

Schoß-Rutsche

Alter/Entwicklungsstand: ab 1,5 Jahren
Mitspieler: Kleingruppe (jeweils 1 Kind nach dem anderen rutscht)
Material: 1 Holzbrett (auch Bügelbrett), scharfe Ecken/Kanten beseitigen!
Ort/Raum: Gruppenraum
Spielablauf: Die Erzieherin setzt sich auf einen großen Stuhl oder einen Kindertisch. Sie legt das Brett auf ihren Schoß und hält es mit den Händen fest. Das Kind klettert auf den Schoß der Erzieherin und rutscht anschließend die kleine Rutsche hinab.
Hinweise: Achten Sie darauf, dass das Brett nicht zu steil ist. Passen Sie die Neigung der Rutsche den Fähigkeiten des Kindes an! Zur Sicherheit eventuell Matten seitlich auf den Boden legen!

Reifen-Rutsche

Alter/Entwicklungsstand: ab 1,5 Jahren
Mitspieler: Kleingruppe oder Großgruppe (jeweils 1 Kind nach dem anderen rutscht)
Material: 2–3 Autoreifen, 1 langes Holzbrett (ca. 1,50 x 0,50 m), 1 dicke Holzleiste (Länge: 0,50 m), 2 Schrauben (eventuell Holzleim), 1 Kiste (Holz o. Kunststoff), mehrere Kissen
Spielablauf: Befestigen Sie an der Unterseite des Brettes (unterhalb des oberen Endes) eine Leiste. Sie wird waagerecht angeschraubt bzw. geleimt. Die Leiste macht es möglich, das Brett an die Reifen zu lehnen bzw. einzuhängen, ohne dass es wegrutscht. Bauen Sie nun 2–3 Reifen zu einem Mini-Turm übereinander. Stopfen Sie die Mitte der Reifen mit Kissen aus. Lehnen Sie das Rutschbrett an die Reifen. Zum Schluss stellen Sie eine Kiste als Aufstieg hinter den Reifen-Turm. Nun heißt es: Erst auf die Kiste, dann auf die Reifen klettern und … abwärts geht's!

Bank-Rutsche

Alter/Entwicklungsstand: ab 1,5 Jahren (erst mit Hilfestellung)
Mitspieler: Klein- oder Großgruppe (jeweils 1 Kind nach dem anderen rutscht)
Material: 1 Turnbank oder ein Brett (2–3 dicke Turnmatten oder 1 Sprossenwand)
Ort/Raum: Bewegungsraum
Spielablauf: Stellen Sie die Turnbank oder das Brett mit einer Seite auf die dicken Turnmatten, sodass eine Schräge entsteht. Oder hängen/stellen Sie die Turnbank oder das Brett ziemlich weit unten an die Sprossenwand. Die Kinder klettern auf die Bank und rutschen bäuchlings (mit den Füßen zuerst) oder sitzend hinunter.
Hinweise: Wenn ein Kind mehr Schwung benötigt, so umfassen Sie den Rumpf des Kindes und führen es „in wilder Fahrt" abwärts!
Variation: Vielleicht möchten die Kinder auch mal von unten nach oben hoch krabbeln und dann bäuchlings zurück rutschen. Wer mag mal „Bob-Fahren"? Lassen Sie ein kleines Kind in eine große, leere Box oder Spielzeugkiste steigen. Stellen Sie die Kiste mit dem Kind oben auf die Rutsche. Halten Sie die Kiste mit beiden Händen und führen Sie die Box langsam abwärts über das schräge Brett.

7.

Hopp-hopp: Hüpfen und Springen

Nachdem kleine Kinder das Gehen und Laufen erlernt haben, entwickeln sich im zweiten und dritten Lebensjahr weitere Bewegungsarten. Hüpfen und Springen sind Bewegungsformen, die Kinder besonders dann zeigen, wenn sie sich wohl fühlen. Der neue Bewegungsrhythmus wird dabei als besonderer Reiz empfunden. Ebenso reizvoll ist es, auf Gegenstände hinauf zu steigen, sich in die Tiefe fallen zu lassen und sich selbst durch Federn auffangen zu können. Später finden Kinder auch Freude daran, in die Höhe zu springen oder kleine Hindernisse durch Sprünge zu überwinden.

Schritt für Schritt im Sauseschritt

So werden Bewegungsformen differenziert und weiterentwickelt:

- *Gehen:* Gewichtsverlagerung von einem Bein auf das andere.
- *Laufen:* Der Körper befindet sich für einen Augenblick in der Luft.
- *Federn:* Am Platz oder in der Fortbewegung.
- *Hüpfen:* Sprung von einem Bein auf dasselbe Bein. Der Körper wird vom Standbein in die Luft geschnellt. Aufkommen auf Absprungbein. Spielbein greift zu neuem Schritt aus und wird seinerseits zum Sprungbein.
- *Springen:* Der Körper befindet sich für einen Moment ohne Unterstützung in der Luft. Zuerst erlernen Kinder den Niedersprung aus geringer Höhe (etwa ab 2 Jahre). Beidbeiniger Absprung und Überspringen von Hindernissen erst ab 3 Jahre.

„Häschen-hüpf"-Spiele

Beim Hüpfen werden viele kleine, schnelle Bewegungen aneinander gereiht. Kleine Kinder hüpfen auf der Stelle und – im Laufe der weiteren Entwicklung – auch vorwärts durch den Raum. Ältere Kinder lernen bald auch das Galopphüpfen, wobei sie vorwärts hüpfen und dabei ein Bein vorsetzen und das andere Bein nachstellen.

Häschen in der Grube

Alter/Entwicklungsstand: ab 2 Jahre
Mitspieler: Klein- oder Großgruppe
Ort/Raum: Gruppenraum, Bewegungsraum
Spielablauf:

Häschen in der Grube
sitzt und schläft,
sitzt und schläft.
Armes Häschen, bist du krank,
dass du nicht mehr hüpfen kannst.
Has hüpf! Has hüpf!
Häschen hat sich ausgehüpft.
überliefert

Alle Kinder spielen einen schlafenden Hasen (Kopf zur Seite auf Hände legen). Je nach Alter/Entwicklung stehen sie dazu aufrecht oder hocken am Boden.

Bei der Textstelle „Has, hüpf…" hüpfen sie entweder auf der Stelle oder durch den Raum (aufrecht oder in der Hocke).

Groß und Klein zusammen: In der Kreismitte hockt ein Hase, der bei „Has hüpf!" zu einem anderen Kind im Kreis hüpft. Das ausgewählte Kind geht jetzt als neuer Hase in die Mitte.

Froschhüpfen

Alter/Entwicklungsstand: ab 2 Jahre
Mitspieler: Klein- oder Großgruppe
Ort/Raum: Gruppenraum, Bewegungsraum
Spielablauf:

Ein kleiner grüner Frosch,
der sitzt auf seinem Blatt.
Da hört man lautes Klatschen,
da hört man lautes Platschen,
und „plumps", da taucht
der Frosch schon ab.

Text von der Autorin

Die Kinder stehen aufrecht oder hocken am Boden. Dann klatschen sie in die Hände, patschen mit der flachen Hand auf ihre Oberschenkel oder auf den Boden und lassen sich schließlich mit einem Hüpfer nach vorn auf die Erde plumpsen.

Mini-Hüpfburg

Alter/Entwicklungsstand: ab 3 Jahre
Mitspieler: 4–6 Kinder
Material: Schaumstoffmatten, Polster, Kissen, Decken, (eventuell Mini-Trampolin)
Ort/Raum: Bewegungsraum
Spielablauf: Legen Sie Schaumstoffmatten und Polster auf die Erde. Darauf verteilen Sie dann unterschiedliche Kissen und Decken.
Variation: Stellen Sie ein Mini-Trampolin auf den Boden und platzieren Sie rundherum rutschfeste Matten, Polster und Kissen. Die Kinder können nicht nur Hüpf- und Sprungversuche auf dem Trampolin machen, sondern auch runter auf die Erde springen und weich landen (bei Bedarf mit Hilfestellung).

Tipp

Besorgen Sie ein ausrangiertes Bett/einen Bettkasten mit Sprungfedern oder mit stabilem Lattenrost (Sperrmüll). Wenn Sie eine bezogene Matratze darauf legen, so kann es jeweils 1–2 Kindern als Hüpfburg dienen.

„Jetzt reiten wir aus!" – Pferdchenspiele

Viele Kinder lieben Pferdchen-Spiele. Dabei läuft oder rennt das „Pferd" – oft in raschem Tempo – vorwärts durch den Raum. Ältere Kinder hüpfen auch oder galoppieren. Seilchen und Bänder können dabei als Pferdeleine oder Geschirr dienen. Laufen, Rennen und Hüpfen fördern Bewegungssteuerung, Koordination und Raumorientierung.

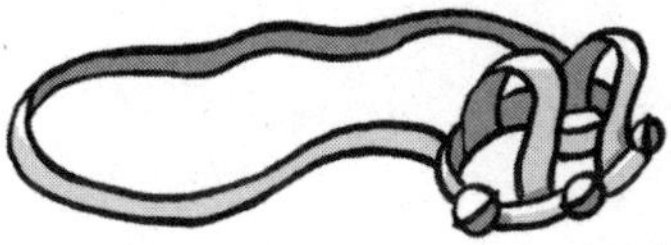

Pferd und Reiter

Alter/Entwicklungsstand: ab 2,5 Jahre
Mitspieler: mindestens 1 Kinder-Paar (vielleicht ein kleines und ein größeres Kind); als Gruppenspiel: viele Kinder-Paare
Material: Gymnastikseilchen oder lange Bänder
Ort/Raum: Bewegungsraum, Flur, Freigelände
Spielablauf: Ein Kind spielt Pferd (es bekommt eine Pferdeleine umgelegt), das andere spielt den Reiter. Das Pferd geht, läuft/rennt oder galoppiert – je nach Fähigkeit und Bedürfnis.
Groß und Klein zusammen: Auch ältere Kinder finden Gefallen an diesem Spiel. Sie können das Spiel für die Großen interessant gestalten, indem Sie Hindernisse auf den Boden legen (Kisten, Gymnastikreifen…), die beim Laufen nicht berührt werden dürfen.
Oder Sie legen eine lange, kurvenreiche Straße aus vielen Seilchen. Die Pferde laufen die Straße entlang, ohne vom Weg abzukommen.

Hopp, Hopp

Alter/Entwicklungsstand: ab 2,5 Jahre
Mitspieler: Klein- oder Großgruppe (Kinder einzeln oder paarweise)
Material: eventuell Pferdeleinen (wenn paarweise gespielt wird)
Ort/Raum: Gruppenraum, Bewegungsraum
Spielanleitung: Singen Sie das unten stehende Lied vom Pferdchen. Das Getrappel der Hufe kann mit einem Instrument (z. B. Holzblocktrommel, Klanghölzer) dargestellt werden.

Hopp, hopp, hopp,
Pferdchen lauf' Galopp.
Über Stock und über Steine,
aber brich dir nicht die Beine.
Hopp, hopp, hopp,
Pferdchen lauf' Galopp.

Die Kinder laufen, hüpfen oder galoppieren im Raum munter durcheinander (für ältere Kinder können Sie eventuell Hindernisse aufbauen).

Brr, brr, he!
Steh mein Pferdchen steh!
Sollst noch heute weiter springen,
muss dir nur noch Futter bringen.
Steh doch Pferdchen steh!
Brr, brr, brr, br, he!!!
überliefert

Bei „Brr, brr…" bleiben alle „Pferde" stehen.

Variation: Basteln Sie Steckenpferde. Die Kinder klemmen sich lange Holzstäbe zwischen die Beine (eventuell Pferdeköpfe aus Pappe ausschneiden und mit Klebeband festkleben).

Immer munter: Klettern und Runterspringen

Beim Springen lösen Kinder den Körper für kurze Zeit von der Erde, um ihn anschließend bei der Landung abzufangen. Das Hinunterspringen ist die einfachste Form des Springens (hier braucht das Kind – anders als beim Hochspringen/Überspringen – den Körper nur wenig abzudrücken). Die neue motorische Fähigkeit des Springens erfordert Kraft, Gleichgewichtssinn und Koordination. Das Springen entwickelt sich aus dem Laufen, Federn und Hüpfen.

Ab in die Tiefe

Alter/Entwicklungsstand: ab 2 Jahre
Mitspieler: Kleingruppe
Material: je nach Variation (s. u.) Turnbank, Tische/Stühle, Schaumstoff- bzw. Turnmatten, Kissen, Turnkästen
Ort/Raum: Bewegungsraum, Freigelände
Spielablauf: Lassen Sie die Kinder

- über eine Turn-Bank (breite Seite, später schmale),
- eine Reihe von Kindertischen bzw. -stühlen,
- über mehrere niedrige Turnkästen oder dicke Matten,
- draußen über Bordsteinkanten, Mauern, Baumstämme

gehen und dann am Ende hinunterspringen.
Ein weicher Untergrund erleichtert z. T. das Aufkommen und Abfedern:
Lassen Sie die Kinder auf Matten und/oder in weiche Kissen und Poster springen. Wie wäre es mit einem Niedersprung in einen markierten Kreis (aus Kreide)? Oder die Kinder dürfen in Ihre ausgebreiteten Arme springen („Wer springt in meine Arme?").

Nichts wie rüber: Hindernisse und Gräben

Schwieriger als das Hinunterspringen ist das Hinaufspringen und Überspringen kleiner Hindernisse. Dies gelingt den Kindern meist erst gegen Ende des 3. Lebensjahres (Sprung mit einem Bein bzw. mit beiden Beinen). Beginnen Sie mit flachen Hindernissen bzw. mit kleinen Gräben zwischen flachen Hindernissen. Später können Sie höhere Hindernisse aufbauen.

Ein Bewegungsgarten für Springfrösche

Alter/Entwicklungsstand: ab 2,5 bzw. 3 Jahre (je nach motorischer Entwicklung)
Mitspieler: Kleingruppe
Material: je nach Spiel (s. u.) Kreide, mehrere Seilchen oder dickes Tau, 6–8 Gymnastikreifen, Gummibänder, ca. 15 Bierdeckel oder Deckel von Schuhkartons oder flache Kissen, ca. 5 Schaumstoffmatten, 1 großes Schwungtuch, Zeitungspapier
Ort/Raum: Bewegungsraum

Spielablauf: Folgende Materialien und Geräte können Sie im Rahmen einer einzelnen Spielaktion, aber auch als „Bewegungsgarten" mit verschiedenen Stationen anbieten:

- Zeichnen Sie mit *Kreide* eine lange Linie oder Figuren auf die Erde (z. B. ein Schiff, ein Auto, ein Haus...). Die Kinder steigen/springen hinein und wieder hinaus.
- Legen Sie ein Seil oder Tau auf den Boden. Die Kinder steigen oder springen darüber.
- *Gummibänder* oder Therabänder werden von mehreren großen Kindern straff gehalten Die Kleinen klettern bzw. springen darüber.
- Legen Sie *Gymnastikreifen* zu einer langen Straße oder zu einer Blume. Die Kinder steigen/springen von Reifen zu Reifen.
- Legen Sie *Bierdeckel, Deckel von Schuhkartons, Teppichfliesen* oder *Zeitungspapier* zu einem kurvigen Weg. Nun gehen oder springen die Kinder von Platz zu Platz den Weg entlang.
- Verteilen Sie *Schaumstoffmatten* als „Inseln" im Raum. Die Kinder laufen um die Matten herum und springen dann auf ihre Insel.
- Legen Sie *Matten* so auf den Boden, dass sich zwischen ihnen ein Graben auf tut. Nun heißt es: Den Zwischenraum überspringen.
- Auf dem Boden liegt ein *Schwungtuch*. Die großen Kinder bewegen das Tuch auf und ab. Die kleinen befinden sich auf dem Tuch, springen in die Luftblasen oder über die Wellen.

Wi-wa-Wackelpeter: Spiele mit dem Gleichgewicht

Besonders das erste Lebensjahr ist eine Zeit bewegender Erfahrungen mit dem Gleichgewichtssinn. Um sich vom hilflosen Neugeborenen zum munteren Laufkind entwickeln zu können, muss das Kind die Schwerkraft überwinden. Ohne Gleichgewichtssystem wären kleine Kinder nicht in der Lage, sich in den Stand aufzurichten, aufrecht zu gehen, sich im Raum zu orientieren. Das Gleichgewichtssystem (im Innenohr) spielt eine wichtige Rolle in der gesamten Arbeit des Gehirns.
Schaukelnde Bewegungen regen das Gleichgewicht in besonderer Weise an und wirken zudem ausgleichend, tröstend, beruhigend auf kleine Kinder.

Hin und her: Schaukelspiele

Finden Sie im Raum Platz für eine Hängematte oder einen Schaukelsitz? Haben Sie im Garten eine Kleinkinder-Schaukel? Gibt es ein Schaukelpferd, einen Kinder-Schaukelstuhl oder eine alte Kinderwiege? Auch psychomotorische Geräte wie Balancierscheibe, Kullerkreisel, Rollbrett lassen sich für Bewegungs- und Gleichgewichts-Spiele einsetzen.

Schaukeltuch

Alter/Entwicklungsstand: ab 1 Jahr
Mitspieler: jeweils 1–2 Kinder (2 Erwachsene)
Material: 1 Decke (oder Bettlaken)
Ort/Raum: Gruppenraum, Bewegungsraum, Freigelände
Spielanleitung: Das Kind setzt sich oder legt sich auf die Decke. Die Erzieherinnen umfassen jeweils zwei Zipfel der Decke und schaukeln das Kind rhythmisch hin und her.
Hinweise: Sagen Sie beim Schaukeln einen Spruch oder singen Sie ein Lied dazu („Die Engelchen werden geschaukelt, geschaukelt …“ o. ä.).

Schaukelkorb

Alter/Entwicklungsstand: ab 1 Jahr
Mitspieler: 1 Kind (2 Erwachsene)
Material: Wäschekorb
Ort/Raum: Gruppenraum, Bewegungsraum
Spielanleitung:

Fährt ein Schifflein auf dem Meer
schaukelt hin und schaukelt her.
Kommt ein Sturm – wie dumm,
fällt das Schifflein um.
Text von der Autorin

Das Kind wird von zwei Erwachsenen in dem Korb geschaukelt.

Schaukelröhre

Alter/Entwicklungsstand: ab 1 Jahr
Mitspieler: 1 Kind
Material: 2 Turnmatten, 2 Gymnastikreifen
Ort/Raum: Gruppenraum/Bewegungsraum
Spielablauf: Biegen Sie eine Matte wie ein U. Schieben Sie jeweils ein Ende des U in je einen Gymnastikreifen (Reifen müssen senkrecht auf dem Boden stehen – mit großen Abständen). Nun kann sich das Kind auf die Matte legen. Die bauchige Unterseite der Matte wirkt wie eine Wiege.
Variation: Mit einer zweiten Matte können Sie aus dem U ein O bauen.
Schieben Sie die zusätzliche Matte in die Gymnastik-Reifen. So haben Sie eine geschlossene Röhre.

Balancierspiele

Kinder möchten von sich aus balancieren. Gern steigen sie auf Mauern, Stege, liegende Baumstämme und ähnliche Hindernisse. Die Auseinandersetzung mit der Schwerkraft bedeutet manchmal eine Art „Nervenkitzel“, der Sieg über sie gibt dem Kind Sicherheit und Selbstvertrauen.

Brücken und Stege

Alter/Entwicklungsstand: ab 2 Jahre (schmale Stege ab 3 Jahre)
Mitspieler: Klein- oder Großgruppe
Material: 1 Turnbank (eventuell 1 Turnmatte)
Oder: 1 Holzbrett (ca. 1,50 m lang, 30 cm breit, später auch schmaler) bzw. mehrere Bretter.
Zudem (nach Wahl): Autoreifen, Polsterkissen, Turn- oder Getränkekästen
Raum/Ort: Bewegungsraum
Spielablauf: Ein Kind nach dem anderen geht barfuß über die Turnbank. Am Ende der Bank: Niedersprung auf eine Turnmatte.
Hinweis: Jüngere Kinder brauchen zunächst eine breite Fläche zum Balancieren. Mit zunehmender Sicherheit können Sie dann schmalere Flächen anbieten und den Abstand zum Boden erhöhen.
Groß und Klein zusammen:

- Jeweils ein kleines und ein großes Kind gehen paarweise.
- *Oder als „Rollenspiel":* Die Kleinen spielen Krokodile, die auf dem Boden herumkrabbeln/-rutschen. Die Großen müssen sicher über die Bank (Brücke) ans andere Ufer balancieren.

Variation:

- Holzbrett flach auf den Boden legen
- Holzbrett rechts und links auf je einen Autoreifen oder Polsterkissen legen
- Holzbrett rechts und links auf Getränkekisten oder Turnkästen legen
- Turnbank umdrehen (schmale Seite zeigt nach oben)
- Über einen längeren „Bretter-Weg" gehen: 8–10 Bretter, die entweder flach am Boden liegen oder durch Gegenstände erhöht sind.

Seilkunst

Alter/Entwicklungsstand: ab 3 Jahre
Mitspieler: Klein- oder Großgruppe
Material: Seile (z. B. Zauberschnur, Gymnastikseile, dickes Tau)
Raum/Ort: Bewegungsraum, Flur, Freigelände
Spielablauf: Legen Sie ein Seil oder mehrere Seile auf den Boden (gerade oder in Wellen). Die Kinder versuchen, barfuß darüber zu gehen.

Fußabdrücke

Alter/Entwicklungsstand: ab 2,5 Jahre
Mitspieler: Kleingruppe
Material: Fingerfarbe, weißes Papier, Schere (Lappen, Wasserschüssel zum Reinigen der Füße), Teppichklebeband
Ort/Raum: Gruppenraum, Bewegungsraum, Flur
Spielablauf: Streichen Sie die nackten Füße der Mitspieler mit Fingerfarbe ein. Jedes Kind stellt sich nun auf ein weißes Blatt Papier. Tritt es zur Seite, hinterlässt es seine Fußabdrücke. Lassen Sie die Abdrücke der Mitspieler trocknen und schneiden Sie anschließend die gedruckten Füße mit der Schere aus (das können auch große Kindergartenkinder tun). Kleben Sie alle Abdrücke paarweise mit Teppichklebeband fest auf den Boden zu einem Fuß-Weg.
Die Kinder gehen den Weg, indem sie ihre Füße genau auf den Abdrücken aufsetzen.
Variation: Legen Sie statt der Fußabdrücke Teppichfliesen auf den Boden.

Wasser-Träger

Alter/Entwicklungsstand: ab 2 Jahre (je nach Schwierigkeit auch ab 3 Jahre)
Mitspieler: Klein- oder Großgruppe
Material: Luftballons (nicht aufblasen, mit Sand füllen, verknoten) oder alte Kinderstrümpfe (mit Sand füllen, verknoten)
Ort/Raum: Gruppenraum, Bewegungsraum, Freigelände
Spielablauf: Die Kinder balancieren ihre Sandsäckchen auf ihrer Handfläche oder auf dem Handrücken. Ältere Kinder tragen sie auf dem Kopf, ohne dass sie runterfallen.
Groß und Klein zusammen: Die ganz kleinen Kinder tragen statt des Sandsäckchens ihr Stofftier oder ihr Kuschelkissen unter dem Arm oder (mit Festhalten) auf dem Kopf.
Variation: Spielen Sie Musik dazu. Groß und Klein marschieren im Kreis.

Wackelfloß und Zauberteppich

Ein Untergrund, der nachgibt und sich bewegt, stellt – ähnlich wie schmale Stege und Brücken – hohe Anforderungen an den Gleichgewichtssinn.
Anpassungsreaktionen des Körpers sind nötig. Das Gleichgewicht muss immer wieder aufs Neue ausbalanciert werden.

Willis Wackelweg

Alter/Entwicklungsstand: ab 2,5 Jahre
Mitspieler: Klein- oder Großgruppe
Material: 6–8 Wärmflaschen (mit Wasser gefüllt), mindestens 1 Luftmatratze (aufgepumpt) , 6–8 alte Sofakissen, 1 Kissenbezug (gefüllt mit Schaumstoffresten), Steppdecken …
Eventuell: Weichbodenmatte, Balancier-Halbkugeln o. ä.
Raum/Ort: Bewegungsraum
Hinweise: Probieren Sie, ob die Kinder diese Aufgabe schon bewältigen. Wenn nicht, dann tauschen Sie einige Elemente des Weges durch weniger wackelige Materialien aus.
Spielablauf: Legen Sie die Materialien hintereinander zu einem Wackel- Weg, über den die Kinder gehen können.
Variation: Legen Sie eine dicke Plastikplane auf den Boden. Verteilen Sie auf einer Hälfte der Plane viele weiche Materialien (Kissen, Federbetten, Steppdecken …). Schlagen Sie die andere Hälfte der Plane darüber, sodass die Materialien nicht mehr zu sehen sind. Wer geht über die wackelige Plane?

Der fliegende Teppich

Alter/Entwicklungsstand: ab 2 Jahre
Mitspieler: ca. 4 Kinder
Material: 1 Turnmatte bzw. Schaumstoffmatte, dazu mindestens 20 Tennisbälle bzw. 10 Gymnastikstäbe bzw. andere dicke Rundhölzer
Raum/Ort: Bewegungsraum, Gruppenraum
Spielablauf: Legen Sie eine Matte auf den Boden. Schieben Sie anschließend Tennisbälle (alternativ Gymnastikstäbe) unter die Matte, sodass sie möglichst gleichmäßig verteilt sind. Auf diese Weise wird die Matte mobil, d. h. sie lässt sich hin und her schieben. Kinder können sich nun auf die Matte legen oder setzen. Die Erzieherin bewegt die Matte hin und her.
Variation: Die Kinder sitzen oder liegen auf einem Schwungtuch oder auf einer großen Decke und werden von der Erzieherin oder von großen Kindern durch den Raum gezogen.

9.

Mit geschickten Händen: Tüftel-Spiele

Gegen Ende des 1., Anfang des 2. Lebensjahres werden die Hände der Kinder zusehends geschickter. Sie fangen an, selbständig den Löffel zum Mund zu führen, eine Tasse zu halten und daraus zu trinken, sich die Haare zu kämmen, Tätigkeiten der Erzieherin bzw. anderer Kinder nachzuahmen, sich beim An- und Ausziehen und bei einfachen Tätigkeiten (Tischdecken) zu beteiligen.

Kleine Helfer-Hände

- **Lassen Sie die Kleinen am Tisch (mit den Großen) gemeinsam essen.**
- **Geben Sie den Kleinen Gelegenheit, selbständig den Löffel zu halten und zum Mund zu führen.**
- **Kleinkinder helfen gern bei alltäglichen Verrichtungen (Tisch abwischen, Tisch decken, spülen, fegen, aufräumen, Staub saugen).Geben Sie Ihnen Gelegenheit, im Tagesablauf solche Tätigkeiten auszuführen.**
- **Lassen Sie die Kinder mit einfachen, ungefährlichen Haushaltsgegenständen (Becher, Dosen, Schüsseln, Schneebesen ...) hantieren. Sie sind oft interessanter als fertige Spielzeuge.**

Festhalten – Loslassen

Um den 10. Monat herum lassen viele Kinder Gegenstände willkürlich fallen und greifen gezielt in Gefäße hinein. Mit etwa 10/11 Monaten beginnen sie damit, kleine Gegenstände mit zwei Fingern zu ergreifen. Dabei wählen sie zunächst den sog. „Pinzettengriff" (Daumen und Zeigefinger sind gestreckt), später den „Zangengriff" (Daumen und Zeigefinger sind gebeugt). Mit etwa 1 Jahr geben sie Gegenstände gezielt in die Hand der Erzieherin oder in einen Behälter.

Krümel, wo bist du?

Alter/Entwicklungsstand: ab 10/11 Monaten
Mitspieler: 1–3 Kinder
Material: Krümel von Brot/Brötchen, Keksen, … dicke Rosinen, kernlose kleine Weintrauben
Ort/Raum: Gruppenraum (z. B. beim Frühstück)
Spielablauf: Legen Sie den Kindern kleine Teile (Krümel, Rosinen) auf den Tisch oder auf einen Teller. Beobachten Sie, ob die Kinder Interesse daran haben, die kleinen Teile mit gestrecktem bzw. gebeugtem Daumen und Zeigefinger aufzunehmen.
Variation: Bieten Sie verschiedene Wollfäden oder kleine Papierkugeln an.
Hinweis: Kinder aus Sicherheitsgründen beim Spiel stets beobachten!

Bitte – Danke

Alter/Entwicklungsstand: ca. 1 Jahr
Mitspieler: 1 Kind
Material: 1 Spielzeug (z. B. Baustein, kleine Puppe etc.)
Ort/Raum: Gruppenraum
Spielablauf: Gibt Ihnen das Kind gezielt Gegenstände in die Hand? Dann hat es vielleicht Freude an dem „Bitte-Danke-Spiel". Öffnen Sie die Hand und nehmen Sie das Spielzeug an. Sagen Sie deutlich „Danke!"
Nun reichen Sie dem Kind das Spielzeug wieder zurück und sagen „Bitte!"
Das Spiel kann unzählige Male wiederholt werden.
Variation: Verstecken Sie den Gegenstand hinter Ihrem Rücken oder unter einem Tuch. Sucht das Kind danach?

9.

Und „Plumps!"

Alter/Entwicklungsstand: ab 1 Jahr bzw. 1,5 Jahre
Mitspieler: 1–3 Kinder
Material: 1–3 große Plastikflaschen, kleine Knöpfe, Kugeln, Erbsen o. ä.
Ort/Raum: Gruppenraum
Spielablauf: Geben Sie den Kindern die großen Plastikflaschen (Verschluss abschrauben). Stellen Sie ein Schälchen mit kleinen Teilen auf den Tisch (Knöpfe, Perlen etc.). Vielleicht probieren die Kinder, die kleinen Teile in die große Flasche plumpsen zu lassen. Das macht lustige Geräusche.
Hinweis: Bitte unmittelbar beobachten. Kleine Teile können verschluckt werden! Wenn Kinder die Teile zum Mund führen sollten, bitte laut und deutlich „Nein" sagen. In diesem Falle ruhig zeigen, dass es viel lustiger ist, wenn die Teile in die Flasche plumpsen.
Variation: Stellen Sie statt der Flaschen Plastikschüsseln oder andere Behälter auf.
Groß und klein zusammen: Ein großes Kind reicht einem kleinen einen Gegenstand nach dem anderen an.

Entdeckerland für kleine Hände

Folgende Materialien können die feinmotorische Entwicklung unterstützen:

- Verschieden große Dosen und Töpfe mit Deckeln, Plastikschüsseln
- Kunststoffflaschen, leere Kosmetikdosen mit Schraubverschluss
- Schneebesen, Quirl, Kochlöffel, Eierlöffel, verschiedene Siebe
- Große leere Nähgarnrollen, große Gardinenringe aus Holz, dicke Kugeln
- Tücher, Stoff- und Papierreste, Papprollen, Bierdeckel, Joghurtbecher
- Alte Kaffeemühle mit Kurbel, leeres Näh- oder Schmuckkästchen, alte Fahrradklingel oder Hupe, Kippschalter, Klingelknöpfe, altes Telefon, Salatschleuder, alte Tastatur vom Computer…

Lirum, larum, Löffelstiel: Experimentierspiele

Kleine Kinder haben lebhaftes Interesse an Gebrauchsgegenständen. Sie sehen z. B., wie Erwachsene mit Haushaltsgegenständen umgehen und möchten dies nachahmen. Im Krippenbereich sollten Kisten mit alltäglichen (ungefährlichen) Gegenständen und Materialien stehen, die von den Kleinen geöffnet, ausgeräumt, eingeräumt und deren Inhalt untersucht und ausprobiert werden kann. Denken Sie daran: Neugier ist das Tor zum Lernen! Aus Tasten und Greifen wird Be-greifen.

Auf und Zu

Alter/Entwicklungsstand: ab 1,5 Jahre
Mitspieler: 1–3 Kinder
Material: Plastikflaschen, -dosen, -tiegel mit Schraubverschlüssen
Ort/Raum: Gruppenraum
Spielablauf: Geben Sie den Kindern verschiedene Flaschen/Dosen mit Schraubverschlüssen. Viele Kinder sind von solchen Verschlüssen fasziniert und betätigen unzählige Male den Mechanismus des Auf- und Zuschraubens.

Was gibt's im Küchenschrank?

Alter/Entwicklungsstand: ab 1,5 Jahre
Mitspieler: Kleingruppe
Material: nach Wahl z. B. Vorratsdosen, Plastikschüsseln, Töpfe, Messbecher, Schneebesen, Kochlöffel, Siebe usw.
Ort/Raum: Gruppenraum, Kinderküche
Spielablauf: Breiten Sie verschiedene Gegenstände auf einer Matte oder auf einer Decke am Boden aus oder legen Sie die Dinge auf einen Tisch in Kinderhöhe. Beobachten Sie, wie die Kleinen mit den Materialien experimentieren.

Nudelsuppe

Alter/Entwicklungsstand: ab 2 Jahre
Mitspieler: 2–4 Kinder
Material: große (trockene) Nudeln, Töpfe, Schüsseln, Löffel (z. B. Kochlöffel, Suppenkellen, Suppenlöffel, Eierlöffel, …)
Ort/Raum: Gruppenraum, Kinderküche, Puppenecke
Spielablauf: Die Kinder bekommen große Nudeln in Töpfen und Schüsseln. Dazu erhalten sie verschieden große Löffel. Je nach Beschaffenheit und Größe der Löffel ist es unterschiedlich schwierig, die Nudeln zu handhaben (z. B. in andere Töpfe oder Schüsseln umzufüllen).
Hinweis: Beobachten Sie die Kinder beim Umgang mit den Materialien aufmerksam!
Variation: Ersatzweise können Sie auch Rosinen für „Rosinensuppe" nehmen. Auch dicke Perlen, kleine Bausteine u. ä. sind interessante Hilfsmittel für kleine Köche.

Klammer, Klammer

Alter/Entwicklungsstand: ab 2 Jahre
Mitspieler: 1–3 Kinder
Material: viele Wäscheklammern (eventuell Wäscheleine, Pappstreifen, leere Kaffeedosen mit Plastikdeckel)
Ort/Raum: Gruppenraum
Spielablauf: Was kann man alles mit Wäscheklammern machen?

- Kinder können die Klammern in Dosen füllen (das klappert schön).
- Klammern lassen sich aber auch auf Pappstreifen fest klammern.
- Oder Sie spannen eine Leine im Raum und „schmücken" sie mit Klammern.

Hinweis: Beobachten Sie die Kleinen beim Spiel mit den Klammern (Verletzungsgefahr!).
Groß und Klein zusammen: Gemeinsam mit den Großen wird Puppenwäsche gewaschen (entweder real mit Wasser oder fiktiv). Zum Schluss hängen wir die Kleidungsstücke auf die Leine und klammern sie gemeinsam fest.

Korken für „Flaschen-Geister"

Alter/Entwicklungsstand: ab 1,5 Jahre
Mitspieler: 1–3 Kinder
Material: ca. 20–30 gesäuberte Verschlüsse von Weinflaschen (Kork oder Plastik) – eventuell Schuhkarton
Ort/Raum: Gruppenraum
Spielablauf: Geben Sie den Kindern die Verschlüsse zum freien Spiel (aber bitte dabei beobachten!).
Variation: Bohren Sie in einen Schuhkarton mehrere kreisrunde Löcher (Korkengröße). Stecken Sie zur Probe einen Korken hinein. Bleibt er stecken oder fällt er durch? Die Kinder versuchen nun vielleicht, weitere Korken in die Öffnungen zu bringen.

Kochlöffel-Spaß

Alter/Entwicklungsstand: ab 1,5 Jahre
Mitspieler: 1–3 Kinder
Material: 1–3 Kochlöffel, dazu: Papprollen (von Haushalts- oder Toilettenpapier)
Ort/Raum: Gruppenraum
Spielablauf: Geben Sie den Kindern die Kochlöffel in die Hand. Die breite Löffelseite sollte nach unten zeigen. Nun stülpen Sie zunächst eine Papprolle von oben auf den Stiel und nehmen sie anschließend wieder herunter. Vielleicht versuchen die Kinder nun ebenfalls, die Rolle auf den Stil zu „fädeln".
Variation: Schneiden Sie einen Schlitz in einen Pappkarton. Stecken Sie den Löffel mit der breiten Seite in den Karton, sodass er aufrecht stehen bleibt. Nun stecken die Kinder z. B. Gardinenringe, durchbohrte Holzkugeln oder Pappscheiben von oben auf den Stiel.

Bauen, Probieren, Sortieren

Ab einem Jahr können viele Kinder zwei, kurze Zeit später sogar drei Bausteine aufeinander stapeln. Zudem sind sie in der Lage, hohle Gegenstände ineinander zu stellen und einen Gegenstand in eine Öffnung zu stecken oder zu werfen.
Schließlich verstehen sie es, verschieden geformte Gegenstände in eine genau der Form entsprechende Öffnung zu stecken (Sortierbox oder Formenbrett ab 1,5 bzw. 2 Jahre). Dies erfordert eine gute Augen-Hand-Koordination und das Erfassen von Formen, Größen, räumlichen Beziehungen.

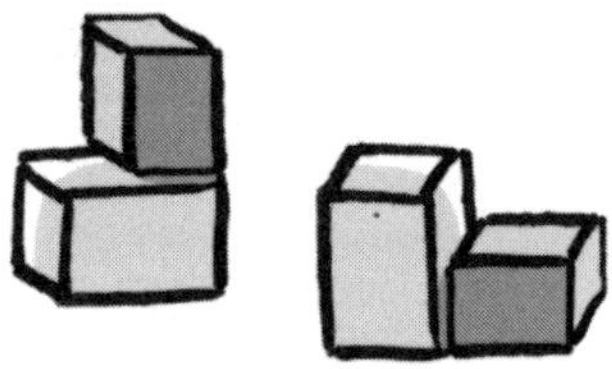

Stein auf Stein

Alter/Entwicklungsstand: ab 1 Jahr
Mitspieler: 1–3 Kinder
Material: 2–3 Bausteine aus Holz oder Kunststoff (ohne Noppen) entsprechend der Handgröße der Kinder
Ort/Raum: Gruppenraum (Krippenbereich oder Bauecke)
Spielablauf: Geben Sie jedem Kind zwei oder drei Bausteine. Später legen Sie mehrere Steine hin.
Variation: Je nach Situation und Fähigkeit können Kinder auch mit handlichen Keksdosen, Vorratsgefäßen aus der Küche, Bechern, kleinen Kartons, Verpackungsmaterial, Schwämmen u. ä. experimentieren.
Hinweis: Kinder stellen die Bausteine nicht nur übereinander, sondern auch nebeneinander.

Links, rechts oder beides?

Geben Sie den Kindern Gegenstände abwechselnd mal in die rechte, mal in die linke Hand. So ist das Kind nicht nur auf eine Körperseite fixiert. Den meisten Eltern und Erzieherinnen ist heute bekannt, dass man niemals versuchen sollte, ein Kind, das vorzugsweise mit der linken Hand agiert, zum sog. „Rechtshänder" umzuerziehen.

Gegenstände ineinander stellen

Alter/Entwicklungsstand: ab 1 Jahr
Mitspieler: 1–3 Kinder
Material: hohle Gegenstände (Schüsseln unterschiedlicher Größe bzw. Schachteln, Dosen, Becher)
Ort/Raum: Gruppenraum (Krippenbereich, Bauecke)
Spielanleitung: Geben Sie den Kindern einen Satz unterschiedlich großer Schüsseln. Viele Kinder werden versuchen, eine kleinere Schüssel in eine größere zu stellen. Exaktes Sortieren von Klein bis Groß erfordert schon viel Übung und eine differenzierte Wahrnehmung der unterschiedlichen Dimensionen.

Sortierboxen

Alter/Entwicklungsstand: ab 1,5 bzw. 2 Jahre (je nach Schwierigkeit)
Mitspieler: 1–3 Kinder
Material: 1–4 Kaffeedosen mit Deckel (bzw. 1 Schuhkarton), scharfes Messer oder Schere; dazu: runde, quadratische, rechteckige bzw. dreieckige Bausteine
Ort/Raum: Gruppenraum (z. B. Krippenbereich)
Spielanleitung:
Schneiden Sie in den Deckel einer Kaffeedose

- ein *kreisrundes* Loch,
- später schneiden Sie in weitere Dosen jeweils ein *quadratisches* bzw. *rechteckiges* (eventuell auch *dreieckiges*) Loch.

Die Größe der Öffnungen richtet sich nach den Gegenständen (z. B. Bausteine), die in die Dosen eingeworfen werden sollen!
Die Kinder versuchen nun, die Bausteine in die jeweils passende Öffnungen zu werfen.
Variation: Nehmen Sie einen Schuhkarton und schneiden Sie 3 verschiedene Formen nebeneinander aus (z. B. Kreis, Quadrat, Dreieck…).

10.

Steckbretter

Alter/Entwicklungsstand: ab 2 Jahre
Mitspieler: 1–2 Kinder
Material: Gips und Wasser (alternativ: Kleister-Sand-Gemisch); dazu Steck-Formen: z. B. ca. 10 Korken, Drehverschlüsse, Bausteine, Deckel eines Schuhkartons
Ort/Raum: Gruppenraum
Spielanleitung: Fertigen Sie eine Platte (z. B. aus Gips, Salzteig o. ä.), indem Sie das Grundmaterial in den Deckel eines Schuhkartons drücken (Dicke: 2–3 cm). Stecken Sie nun mit den Kindern in gleichmäßigen Abständen „Stecker" (z. B. Korken) in die noch weiche Platte. Nehmen Sie die „Stecker" wieder heraus, und lassen Sie die Platte trocknen. Ist sie ganz fest geworden, dürfen die Kinder versuchen, die „Stecker" wieder an den richtigen Platz zurück zu stecken.

Rollen, Werfen, Fangen

Alles, was rollt und kullert, interessiert Kinder von Anfang an. Ebenso bereitet es Spaß, Dinge willkürlich fallen zu lassen, zu werfen bzw. – im Zuge der weiteren Entwicklung – auch wieder zu fangen.
Durch ständiges Übung lernt das Kind das Zusammenspiel von optischer Wahrnehmung und motorischer Steuerung (Augen-Hand-Koordination).

Die knifflige Kugelbahn

Kugelbahnen erzielen nicht nur lustige Effekte (also eine Art „Aha-Erlebnis"), wenn der Ball am Ende wieder heraus purzelt. Sie sind auch eine gute Übung für die Feinmotorik.

Papphröhren-Bahn

Alter/Entwicklungsstand: ab 2 Jahre
Mitspieler: 1–4 Kinder
Material: viele Papprollen (von Toilettenpapier oder Haushaltsrollen), Bälle/Kugeln, Klebeband … eventuell 1 Pappkarton
Ort/Raum: Gruppenraum, Bewegungsraum, Freigelände
Spielanleitung: Kleben Sie die vielen Papprollen mit Klebeband zu einem langen Schlauch zusammen. Halten Sie den Schlauch so schräg, dass ein Kind eine Kugel bzw. einen kleinen Ball einwerfen kann.
Variation: Schneiden Sie oben und seitlich je eine kreisrunde Öffnung in einen Karton. Führen Sie den Papphröhrenschlauch so ein, dass er schräg in dem Karton steckt. Jetzt haben Sie eine stabile, dauerhafte Kugelbahn. Stellen Sie an das Ende der Röhren eine Blechschüssel oder ein Glockenspiel. So können die herabfallenden Kugeln Klänge erzeugen.

10.

Kugelbahn-Kletterturm

Alter/Entwicklungsstand: ab 2 Jahre
Mitspieler: 1–3 Kinder
Material: Papprollen (Toilettenpapier, Haushaltsrolle), Klebeband, Bälle/Kugeln, 1 großer Tisch, 2 Stühle, 2 Kisten
Ort/Raum: Gruppenraum, Bewegungsraum
Hinweis: So verbinden Sie Kletter-Spaß mit Ball-Vergnügen. Grob- und Feinmotorik werden gleichermaßen angesprochen.
Spielanleitung: Kleben Sie Papprollen mit Klebeband zu einer Röhre zusammen. Lehnen Sie die Röhren schräg an einen Tisch (oben mit Klebeband an der Tischplatte festkleben).Stellen Sie auf die andere Seite des Tisches Stühle und Kisten. Jetzt kann je ein Kind über die Kisten und Stühle auf den Tisch klettern und von oben Bälle in die Röhre(n) einwerfen.

Reifen, Dosen und was sonst noch kullert

Na klar, dass Bälle rollen. Wer aber denkt beim Rollen und Kullern schon an alltägliche Dinge, die sich mit Geschick und Phantasie in Bewegung bringen lassen? Eine Herausforderung für Koordination, Handgeschick, Reaktionsvermögen und Bewegungsfreude.

Die Kullerkiste

Alter/Entwicklungsstand: ab 1 Jahr
Mitspieler: Kleingruppe
Material: 1 große Spielzeugkiste mit Alltagssachen, die kullern und rollen, z. B.: Nähgarnrollen, Papprollen, Plastikflaschen, Wattekugeln, Walnüsse, hölzerne Gardinenringe, Tennisringe, leere Joghurtbecher, Teigrolle für Kuchen u. ä.; 1 langes Holzbrett, 1 Kiste
Ort/Raum: Gruppenraum
Spielanleitung: Suchen Sie zunächst 1–2 Materialien aus, und geben Sie diese Materialien den Kindern zum freien Spiel (Kinder beobachten!). Dann legen Sie ein langes Holzbrett auf eine Kiste und lassen verschiedene Gegenstände die Schräge hinabrollen. Kleine Kinder krabbeln gern hinter den Gegenständen her, sammeln sie auf bzw. lassen selbst Gegenstände hinabrollen.

Kreisel-Spielen

Alter/Entwicklungsstand: ab 2 ,5 Jahre
Mitspieler: Kleingruppe
Material: 1 Gymnastikreifen
Ort/Raum: Gruppenraum, Bewegungsraum
Spielanleitung: Drehen Sie den Gymnastikreifen wie einen Kreisel um die eigene Achse und beobachten Sie mit den Kindern, wie er langsamer wird und dann zu Boden fällt. Wiederholen Sie dieses Drehen. Jetzt laufen oder hüpfen Sie mit den Kindern so lange um den Reifen herum, bis er zu Boden gefallen ist. Dann setzen sich alle auf den Boden bzw. stellen sich gemeinsam in den Reifen hinein.

Rund und schnell: Spiele mit Bällen

Um den 9./10. Monat lassen Kinder Gegenstände willkürlich fallen bzw. werfen Dinge mit Schwung weg. Das Fangen von Bällen beginnt mit 20 Monaten (Arme werden dem Ball wie eine Schiene entgegengestreckt). Ab 3 Jahren wird der Ball aus der Luft gefangen und anschließend mit den Armen an den Körper gepresst.

Sanfte Riesen

Alter/Entwicklungsstand: ca. 8 Monate (das Kind sollte schon selbständig sitzen können)
Mitspieler: 1 Kind
Material: 1 Großball („Pezzi-Ball")
Ort/Raum: Gruppenraum/Bewegungsraum
Hinweise: Wiegen und Schaukeln auf Großbällen eignet sich besonders zur Beruhigung kleiner Kinder. Großbälle sollten deshalb in der (Krippen)-Gruppe jederzeit zur Verfügung stehen!
Spielanleitung:

- Setzen Sie sich mit dem Kind auf den Großball und hüpfen Sie auf und ab.
- Legen Sie sich in Rückenlage auf den Ball (das Kind liegt auf Ihrem Bauch). Schaukeln Sie vor und zurück.
- Legen Sie sich bäuchlings auf den Ball. Eine andere Erzieherin setzt Ihnen das Kind

auf den Rücken. Rollen Sie selbst auf dem Ball vor und zurück. Die andere Erzieherin hält das Kind dabei fest.

- Setzen oder legen Sie nun das Kind allein auf den Ball. Dabei müssen Sie es mit beiden Händen umfassen.

Mein Ball ist rund

Alter/Entwicklungsstand: ab 2 Jahre
Mitspieler: Klein- oder Großgruppe
Material: 1 handlicher Ball
Ort/Raum: Gruppenraum, Bewegungsraum, Freigelände
Spielanleitung:

Mein Ball ist rund.	Die Erzieherin zeigt den Ball,
Na und?	
Mein Ball kann r o l l e n,	lässt ihn vor sich hin und her rollen,
Mein Ball kann s p r i n g en,	aufticken,
Mein Ball kann f l i e g e n,	wirft ihn hoch und fängt ihn wieder.
aber nicht l ü g e n.	Zum Schluss rollt/ wirft sie den Ball
Meinen Ball kannst du s c h n a p p e n.	einem Kind im Kreis zu.
Versuch's. Es kann klappen.	Kann das Kind den Ball schon aus der Luft
Text von der Autorin	schnappen oder den rollenden Ball vom Boden aufnehmen, um ihn dann zur Erzieherin zurück zu rollen/zu werfen?

Groß und Klein zusammen: Ein großes Kindergartenkind übernimmt die Rolle der Spielleitung, sagt den Spruch auf und rollt/wirft den Ball einem anderen Kind zu. Auch ganz kleine Kinder können mitspielen (z. B. zwischen den gegrätschten Beinen der Erzieherin oder auf ihrem Schoß).
Variation: Die Kinder werden nacheinander bei ihrem Namen gerufen.
Das angesprochene Kind „schnappt" sich den Ball.

Buntes Bälle-Bad

Alter/Entwicklungsstand: ab 1 Jahr bzw. 1,5 Jahre
Mitspieler: 4–6 Kinder
Material: aufblasbares Kinder-Planschbecken, unterschiedliche Bälle (z. B. Tennisbälle, Schaumstoffbälle, große und kleine Gummibälle, Softbälle, Noppenbälle, Glöckchenbälle).
Dazu: eventuell 1 Drainagerohr (scharfe Schnittstellen mit Klebeband umkleben).
Ort/Raum: Bewegungsraum, Nebenraum, Flur, Freigelände
Spielanleitung: Pumpen Sie das Plantschbecken prall auf und füllen Sie anschließend die verschiedenen Bälle hinein. Die Kinder krabbeln über den Rand und steigen ins bunte Ball-Vergnügen hinein. Hier können sie nach Herzenslust „wühlen". Zuweilen fliegen Bälle über den Rand. Die werden dann wieder hereingeholt.
Variation: Durch das Drainagerohr können die Kinder Bälle in das Becken rollen lassen.

Staubsauger

Alter/Entwicklungsstand: ab 2 Jahre
Mitspieler: Klein- oder Großgruppe
Material: Kisten, eventuell Rollbretter, 20–30 verschiedene Bälle (Tennisbälle, große und kleine Gummibälle u. ä.)
Ort: Bewegungsraum
Spielanleitung: Verteilen Sie so viele Bälle wie möglich im Raum. Die Kinder spielen nun „Staubsauger". Sie sollen so viele Bälle wie möglich „wegsaugen", damit der Raum wieder „sauber" wird. Dazu schieben sie ihre Kisten („Staubsauger") über den Boden und sammeln die Bälle ein. Die Kisten können auch auf Rollbretter gestellt werden.

11.

Vielseitiges Ball-Vergnügen

Lassen Sie die Kinder Bälle

- über eine Gymnastikbank oder ein Brett rollen,
- um Hindernisse herumrollen,
- einsammeln (in Kisten, Tüten, Säcken) und wieder ausleeren.
- Stecken Sie kleine Bälle in Socken und binden Sie Glöckchen daran.
- Verwenden Sie Küchensiebe zum Tragen und Schlagen von Bällen.
- Stellen Sie Pappkartons für erste Ziel-Würfe auf.
- Lassen Sie Kinder Bälle in Kopfhöhe über eine Schnur oder durch einen Reifen werfen.
- Spielen Sie „Zurollen" mit einem oder mehreren Kindern.
- Für erste Fang-Versuche eignen sich besonders Softbälle oder Knautschbälle!

Hin und her, kreuz und quer: Ziehen und Schieben

Kleinkinder lieben es, im Zuge ihrer ersten Krabbel-, Geh- und Laufversuche Gegenstände von einem Ort zum anderen zu befördern: sie tragen Dinge umher, ziehen Spielzeug durch die Gegend, schieben Karren, Wagen und andere Hilfsmittel zum Transport.

Spiele mit Rollbrettern

Rollende Bretter könnten Sie selber bauen. Schrauben Sie 4 Räder/Schwenkrollen (Baumarkt) unter ein stabiles Holzbrett (ca. 60x35 cm). Ecken/ Kanten bitte glatt abschleifen! Oder besorgen Sie sich Blumenuntersetzer auf Rädern. Fertige Rollbretter bekommen Sie im Sport-, Psychomotorik- oder Kindergartenbedarf.

Der mobile Karton

Alter/Entwicklungsstand: ab 1 Jahr
Mitspieler: 1–3 Kinder
Material: 1–3 Rollbretter, 1–3 Kartons, mehrere Seile
Ort/Raum: Gruppenraum, Bewegungsraum
Spielanleitung: Binden Sie auf jedem Rollbrett einen Karton mit Hilfe eines Seiles fest (unten Löcher in den Karton bohren, Seil durchfädeln und an das Brett knoten). Die Kinder können Spielzeug und andere Dinge in die mobilen Kartons laden und von einem Ort zum anderen schieben. Dabei bewegen sie sich auf allen vieren oder auch aufrecht.
Groß und Klein zusammen: Ein kleines Kind setzt sich in den Karton, ein größeres schiebt das kleine durch den Raum.

Karussell

Alter/Entwicklungsstand: ab 1,5 Jahre
Mitspieler: jeweils 1 Kind
Material: 1 Rollbrett, 1 Autoreifen, ca. 2 Seilchen
Ort/Raum: Gruppenraum, Bewegungsraum
Spielablauf: Binden Sie den Autoreifen mit Hilfe der Seile auf dem Rollbrett fest. Nun setzt sich ein Kind in den Reifen hinein und wird von der Erzieherin im Kreis bewegt (um die eigene Achse herum oder um die Achse der Erzieherin).
Variation: Binden Sie ein Brett (Länge ca. 1–1,5 m) mit Hilfe von Seilen auf dem Reifen fest. Nun kann sich auf jedes Brett-Ende jeweils ein Kind (ab 2 bzw. 2,5 Jahre) setzen. Fahren Sie mit dem „Gefährt“ durch den Raum oder drehen Sie es im Kreis herum.

Der Turnbus kommt

Alter/Entwicklungsstand: ab 2 Jahre – je nach Gleichgewichts-Erfahrungen
Mitspieler: 4–6 Kinder
Material: 1 Turnbank (ersatzweise: langes Brett), 2 Rollbretter, eventuell mehrere Seilchen
Ort/Raum: Bewegungsraum, langer Flur
Spielanleitung: Stellen Sie rechts und links unter jeden Fuß der Turnbank ein Rollbrett oder binden Sie ein langes Brett mit jeder Seite auf je einem Rollbrett fest. Die Kinder setzen sich rittlings auf die Bank (je nach Höhe Beine baumeln lassen oder aufstellen). Die Erzieherin schiebt den „Turnbus“ vorsichtig durch den Raum.

Spiele mit Ziehtieren und Wagen

Bei Transport-Spielen verbinden Kinder Feinmotorik mit grobmotorischen Bewegungen. Auch der Gleichgewichtssinn wird in besonderer Weise angesprochen. Für kleine Kinder ist es schon eine Kunst, nicht nur aufrecht zu gehen, sondern darüber hinaus auch noch Gegenstände zu ergreifen, zu halten, zu bewegen und sich mit ihnen im Raum zu orientieren.

Die kleine Raupe

Alter/Entwicklungsstand: ab 1 Jahr (wer nicht sicher gehen kann, zieht die Raupe im Sitzen oder Krabbeln)
Mitspieler: 1 Kind pro Raupe
Material: Papprollen (Haushaltsrolle, Toilettenrolle) oder: ganz dicke Holzperlen bzw. durchbohrte Holz- oder Styroporkugeln oder Kastanien, dazu: Bindfaden (ca. 1,5 m lang)
Ort/Raum: Gruppenraum, Bewegungsraum, Flur, Freigelände
Hinweis: Die Raupe soll die Kinder zur Fortbewegung anregen.
Spielablauf: Schieben Sie einen Bindfaden durch 6–8 Papprollen.
Verkleben oder verknoten Sie den Faden in der letzten Papprolle. Sie können den Faden auch mit einer Wäscheklammer feststecken. Die Kinder ziehen die Raupe beim Gehen hinter sich her.
Tipp: Knoten Sie eine Holzperle an den Bindfaden. So kann das Kind den Faden beim Ziehen der Raupe besser fassen und halten!
Variation: Fädeln Sie dicke Perlen, Styroporkugeln oder Kastanien zu einer „Raupe" auf. Sie können der Raupe übrigens auch ein Gesicht geben, indem Sie zwei Perlen, Knöpfe oder Papierkreise auf die erste Kugel kleben.

Jetzt kommt der Puppenbus

Alter/Entwicklungsstand: ab 1 Jahr
Mitspieler: 1 Kind pro Karton
Material: mindestens 1 Schuhkarton, Bindfaden (eventuell mit 1 Holzperle zum besseren Festhalten)
Ort/Raum: Gruppenraum, Bewegungsraum, Flur, Freigelände
Spielanleitung: Knoten Sie den Bindfaden an den Karton. Setzen Sie eine Puppe oder ein Stofftier hinein. Ziehen Sie die Puppe in dem Karton durch den Raum. Wer möchte jetzt den Puppenbus ziehen?
Variation: Bei älteren Kindern (ab 2 Jahre) knoten Sie viele Kartons zu einem Zug hintereinander. Jetzt können mehrere Puppen/Tiere mitfahren.

Ziehtiere im Handumdrehen

Basteln Sie mit den großen Kindern *Ziehtiere* für die Kleinen.
Kleben Sie vorn auf einen Schuhkarton eine Schachtel als Kopf.
Befestigen Sie Wolle oder Fell als Schwanz am hinteren Ende.
Malen Sie das Tier farbig an (z. B. als Hund, Katze). Kleben Sie vorn auf den Kopf zwei Augen und eine Zunge aus Papier.
Wenn Sie noch sichtbare Beine ankleben möchten, so wählen Sie dazu Papprollen oder Käseschachteln.
Langes Band anknoten und fertig ist der „Vierbeiner".
Allerlei zum *Nachziehen auf „die Schnelle":*
Knoten Sie nach Wahl eine leere Plastikflasche, einen Eierkarton, ein Stück Holz, Stoffbahnen, ein Stofftier u. ä. an ein Band. Fädeln Sie an das Ende des Bandes eine dicke Holzperle. So kann das Kind den Faden besser festhalten.

Einladen - Ausladen: Transportspiele

LKWs mit Ladeklappe, Rutschautos mit Anhänger, Puppenwagen und Schubkarren sind im zweiten und dritten Lebensjahr besonders beliebt. Auch alltägliche Gegenstände wie Wäschewannen und Kartons eignen sich zum Be-und Entladen und zum Transportieren.
Die Materialien ermöglichen sowohl Funktionsspiele (Ausprobieren von Funktionen wie „Einladen", „Ausladen" …) als auch erste Rollenspiele (Nachahmung von Müllabfuhr, Gartenarbeit usw.).

Müllabfuhr

Alter/Entwicklungsstand: ab 2 Jahre
Mitspieler: 1–4 Kinder
Material: nach Wahl Schubkarre, Puppenwagen, Rutschauto mit Ladeklappe bzw. Anhänger oder: Wäschewannen, Kartons, fahrbare Spielzeugkisten
Ort/Raum: Gruppenraum/Bewegungsraum
Spielablauf: Verteilen Sie im Raum Müll, z. B. zusammengeknülltes Papier, Verpackungsmaterial, Schachteln, Dosen u. ä. Die Müllabfuhr kommt mit ihren Müllautos (Pappkartons, Rutschautos), lädt den Müll ein und fährt ihn zur Müllkippe (Papierkorb, großer Pappkarton…).

Kleine Gärtner unterwegs

Alter/Entwicklungsstand: ab 2 Jahre
Mitspieler: 1–6 Kinder
Material: „Rasenmäher" (Pappkartons, fahrbare Spielzeugkisten oder Puppenwagen), Schubkarren
Ort/Raum: Freigelände
Spielablauf: Die Kinder schieben ihre „Rasenmäher" umher. Sie sammeln Rasenschnitt, Blätter, im Winter Schnee u. ä. ein. Sie können ebenso Spielzeug auf diese Weise einsammeln lassen. Zum Schluss wird die ganze Fracht ausgeleert.

Kinder-Wagen-Rallye

Alter/Entwicklungsstand: ab 1 Jahr
Mitspieler: 2–6 Kinder
Material: „Kinderwagen" (z. B. stabile Puppenwagen aus Holz, alte Baby-Karren, Buggys)
Ort/Raum: Bewegungsraum, Flur, Freigelände
Spielablauf: Die Kinder schieben selbst die Wagen oder lassen sich von einem anderen (größeren) Kind oder von der Erzieherin sitzend umher schieben.
Dann darf gewechselt werden: ein anderes Kind steigt ein.
Variation: Legen Sie Hindernisse auf den Boden (Gymnastikreifen oder Kartons), die umfahren werden müssen.

5. Auflage

Gedruckt auf umweltfreundlichem, chlorfrei gebleichtem Papier

Layoutentwurf und Produktion: art und weise, Freiburg
Umschlaggestaltung: R·M·E Roland Eschlbeck/Rosemarie Kreuzer
Umschlagfoto: Hartmut W. Schmidt, Freiburg
Illustrationen: Anja Wrede, Bad Nenndorf

www.herder.de
Gesamtherstellung: fgb • freiburger graphische betriebe 2009
www.fgb.de

ISBN: 978-3-451-28935-4